ALCOHOL
DE MARIO OLIVER

Reservados todos los derechos. No se permite la reproducción total o parcial de esta obra, ni su incorporación a un sistema informático, ni su transmisión en cualquier forma o por cualquier medio (electrónico, mecánico, fotocopia, grabación u otros) sin autorización previa y por escrito de los titulares del copyright. La infracción de dichos derechos puede constituir un delito contra la propiedad intelectual.

El contenido de esta obra es responsabilidad del autor y no refleja necesariamente las opiniones de la casa editora. Todos los textos e imágenes fueron proporcionados por el autor, quien es el único responsable sobre los derechos de los mismos.

Publicado por Ibukku, LLC
www.ibukku.com
Diseño y maquetación: Índigo Estudio Gráfico
Copyright © 2022 Mario Oliver
ISBN Paperback: 978-1-68574-167-9
ISBN eBook: 978-1-68574-168-6
LCCN: 2022912208

¿...∞... Existo...? Resido... Consto... Atestiguo... Aprecio... parcamente, consigo retraer mis parpados. Personajes... Luminiscencia... Fluorescente.

—No se mueva señor; tiene puesto en su brazo el catéter intravenoso.

Habla... induzco. ¿Disolución? Confusión. ¿Doctor o asistente? Rompecabezas... fragmentos... reminiscencias... entorpezco. Incorporarme.

—¡No se agite! Por eso lo amarramos; está en un hospital. Quédese quieto —me específica y desentraño... ¿un sanatorio?—, la doctora le explicará; tranquilo ¡ok!

Aparezco desnudo en una bata inmovilizado y trastornado. Hay un joven entubado; en el rincón yace un viejito. Encuentro al recorrer la sala... un reloj, grande, redondo y son... las... 4:00 am. Hay enfermeros en la esquina murmurando. No tengo heridas, ni un hueso fracturado. ¡Ordénense neuronas!

—¡Oye!, tengo ansiedad —le exteriorizo al enfermero que me resguarda.

—Duérmase; le voy a dar una tableta para que se tranquilice —me propone con tono golpeado.

—¡Gracias! —le dilucido amablemente.

—Tómese esta píldora y permanezca calmado.

Me la trago con un poquito de agua, de un vasito chiquito de plástico; estoy crudísimo.

—Me das, por favor, más agua —mi voz es débil.

—¡NO!, está con el suero —me responde y se lleva el vasito, que es un oasis que refrescó mis resecos labios—. A relajarse.

Detecto que la sustancia es eficaz; no me queda de otra que fluir. Respiro y positivamente da ese golpecito tan rico. En un ¡Hospital! laxo... me quedo... dormido... dor... mi... do.

¡ENLOQUEZCO...! ¡DEVANEO! ¡Cuenta hasta diez! Uno... dos... tres... ¡Dios mío ayúdame! Voces... percibo mi locución como amplificada. Desdoblándose... mi hablar. Camina... no hay mezcal, ni cerveza. Tropiezo con botellas y resbalo en vómito. Estoy meado y cagado. Bájármela. Reconozco escuchar esta voz fuera... mi semejante hablando. Los célebres ¡DELIRIUM TREMENS! ¡cabrón! Ponte en flor de loto. Exhala; vuelve a rezar, ¡no manches!, si ni premedito claramente. Y si voy por un six... ¡NO! Medita al universo conformado en una molécula, integrada por átomos, dividiéndose en el ¡Big-BANG! ¡ESTALLIDO! ¡REVENTÓN! Vinimos del origen... ¡no sé!, regresar... retornar a la semilla... desandar en ¡Paz! Completando mi hundimiento; deduzco que en mi regeneración, abundantemente amanecerá mi consciencia seráfica. Caos. ¡Lo predigo! ¡Chingada...! ¡Zampar mezcal! ¡Siete botellas! ¡Cien cervezas! ¡Quince días absorbiendo ALCOHOL! ¡DEMENCIAL! ¡Orden! Es absurdo cavilar, ¡Es la

ABSTINENCIA! Dejé... aproximadamente... un minuto desintoxicándome. ¿Empecé a despilfarrar en Alcohol con albedrío o no?; Shit... rezo amparo. ¿Quién me piensa? ¡Percato otra arenga! La mía, rumoreando en distinta frecuencia. ¿Deduces? ¡NO MANCHES! Me autopregunto, con esta arcana representación en ¡STEREOOOO! ¡HolaaAA! Presumiré que estuve alucinando. ¡PENDEJO! Estoy desconcertado; ni a quién buscar... preocuparía a mis conocidos o a mis padres. Saldré a dar una vuelta a la manzana. Con esta pinche canícula; lo hidratado, perderé sudando. Este vocablo, es producto de la hinchazón de mi cerebro. Calmarme... sé que moro aquí; en mi cuarto, de la casa de la playa, en Ixtapa Zihuatanejo. ¡Repítelo!: en mi cuarto de la casa de la playa, en Ixtapa Zihuatanejo. Si me desmayo... ocúpate en no pensar que te mueres. Resonar mi histerismo, para impedir repetir el ciclo alcohólico. Divago una sucesión perpetua de iconografías... borrosas... materia y vacío, grafías complexas e inextricables. Extravío la cordura. ¡Ya valió! Tanto delirio es un aproximamiento a Nietzsche: «¡AMA a tu DESTINO!». ¡REAMO purificarme! ¡CELEBRO VIVIR! ¡GLORIFICO mi instauración! Prorrumpo a voluntad. Nazco y luego existo... no preexistió la casualidad, ¿Anhelas ser ENGENDRADO? Pues... sí. Seguramente numerosos desgraciados; particularizo en esos humanos... no deseados. Fehacientemente honraban no subsistir. Si hurtáramos el dictamen, pudiendo facultar la polémica de aspirar, el ser dados a luz, ¡o no! Nuestro planeta, verosímilmente florecería. Solo visto así, delibero la importancia de: ¿cuál es mi principio? La génesis del umbral. Prevarico un nacimiento. ¡Lo obceco! Reparo una transición de inerte a sustancia. Mis padres haciendo el amor, decidieron que experimentara residir; me quitaran al acaecer, el quicio entre el vientre de mi madre y el cordón umbilical; unión vinculante en la gestación y emprendo la interiorización a mi individualidad; Me reflejo descubriendo una inextinguible experimentación de la muerte, impuesta por mis padres. Alucino interiorizar y destapar el fulgor de saberme vivo. El gran salto cuántico se reduce a resignar esta pinche desintoxicación. La plasmación de padecer el trauma de todos los existentes; ¡CONSISTO! Reincido. Pinche dialecto ininteligible... desdoblándose de mi labia; ¿Mezcalito?, ¿si eres tú?, impido requerir, ser lo que soy... lo sé. ¡Lo SOY! Un narciso de mierda. El prototipo categórico del matrimonio y la servidumbre de procrear, ¡a HUEVO! La álgebra del olvido; la contingencia de responsabilidad tornándose en irresponsabilidad. Mi Mezcalito, he decidido prescindir de mi descendencia. No ambiciono escarmentar a una entidad, que complegue en una inconmensurable dimensión; horizonte de los no encarnados. Niego el ¡AHUEVO! ¿Para qué? Para olvidarlos. Acto estólido que cometen, un gran porcentaje de los progenitores de la aldea global. ¡No manches! En México... innegable y no tan inconcusamente, es mi demonstración. Alucinando en esta cama; hipotéticamente descuidando a una criatura. ¡PINCHE CRIMINAL de MIERDA que SERÍA! Mi única prioridad egoísta, constaría en crudear. ¡Evitar el bajón!,ególatramente importándome un bledo y embriagándome, para no sentir abstinencia; despreocupado del bienestar de mis proles. Contrario a mi hipotético ¡YO!, sí fui bendecido al nacer. Fui un bebe muy anhelado, al punto, de que me sobreprotegieron; aunque al crecer, me aplicaron la estúpida regla social de la sobrevivencia. Me forzaron a proyectar un futuro que no me correspondía; venidero soñado por mis padres; pusieron en duda mi quimera. ¡no sabes! mi Mezcalito... yacía en ser actor. ¡florezco! Batallé para persuadirlos. Un desafío una desilusión.

Me tuvieron que apoyar. A pronta edad me excretaron... desterraron, ¡SÍ! Con ciertos privilegios. Heredé de mi abuela un departamento... mi nana ¡ROSA! ¡ABUELITA! Procúrame, como cuando era un infante y me quedaba en tu casa a dormir; acariciabas mi espalda mientras escuchábamos a Cri-Cri. Velabas mi sueño con un afecto inagotable... ¡Rosa! soy tu mimado. ¡Dirimiré al Alcohol ABUELITA! ¡Agradezco mis regalos! El depa fue mi territorio de independencia artística. Este primer exilio les permitió a mis padres el ¡NO! apreciar mi fundamento de actuante; si fuera por ellos, ocurriría un "GODÍN" en un consorcio, ¡no sé! o ¡sí discierno!; no justifica mi alcoholismo. Compruebo lo ¡culero!, que es el gremio; ¡pránganas! exigen y no pagan; considero... experimentándolo como lo he vivenciado; lo conveniente sería ser ese ¡Godínez! ¡PINCHES teatreros! Me jodieron psicológicamente; los dejé joderme, por mi romanticismo, acepto, que me vinculó con el Alcohol y otras drogas; si estudiaba una profesión verídica mi Mezcalito; repruebo las escuelas de actuación. La formación es en las tablas de un grupo activo, en cartelera y produciendo repertorio. Es antiartístico, cursar cuatro años de ilusión y desinformación; innecesariamente egresan desempleado y en el fenómeno pedagógico; los únicos beneficiados son los burócratas y docentes, cobrando sus sueldos respetables y aun mejor las prestaciones. Descarados traficantes de becas y apoyos institucionales; si supieran, tanto padres de familia, como aspirantes, lo que les depara el vaticinio a sus inocentes, ingenuos, tirándole a pendejos, amados hijos; lo pensarían dos veces. Incontinenti mis padres tenían no toda, pero alguna razón. Mi familia no es de artistas y sin tener un contexto del ambiente teatral; con esa clarividencia, que solo tienen los padres, sabían, que ingresaría a un ámbito obscuro y cruel. ¡PINCHE INGENUIDAD!

Estudiar las técnicas de la actuación, ir a la universidad de 4:00 am, a 4:01 am, creó digamos, una sana disciplina; ahí no hay imprecación. Acepto que perdía mi tiempo, no obstante me entrenaron intenso, corporal y mentalmente. La confusión principió externamente al aprendizaje, de este glorioso arte. ¡Las PARRANDAS! Especulé que acudir a las zambras... bataolas de la farándula... convites de los famosos... ¡estaría chingón! Un estudiante común y corriente, experimentando en su totalidad, el fenómeno histriónico. Indisputablemente, incluía los excesos. ¡SEXO Y DROGAS! Rememoro la verbena, en que perdí mi virginidad y conocí a la maricoña. ¡BENDITA! Sin culpabilidad de mi adicción al Alcohol. ¡MARIGUANA DE DIOS! Tú no matas. ¡DAS VIDA! ¡El ASESINO es el ALCOHOL¡¡NO MAMAR! En la universidad y ¡VIRGENCITO! Diecinueve. Entre los concurrentes estaba esta chica... tetona y nalgona; conocía mi estatus erótico; esta mujer ardiente, prácticamente me desvirgaría. A un compañero al pasarme el toque, me aconsejó, disfrutarlo al máximo; fumé dos o tres jalones y me indicó el baño. Ya entrado en chelas y pacheco... ¡WOW!, sensación de potencia y ampliación sensorial, ¡ESPECTACULAR! Toqué la puerta y escuché su voz que me invitaba a entrar; abrí la puerta y sin más, me tomó del palmo... cerró con llave la puerta y me empezó a besar. Había gente esperando para entrar. Todo empezó a ser muy rápido. Me bajó los pantalones y la mamó hasta que se me paró; luego, lueguito, se bajó su tanga... me sentó en el inodoro que no tenía asiento... me hizo que la penetrara... subió... bajó y tal vez, volvió a subir y al bajar ¡NO! manches! no traía condón; la empujé para salirme de su carnosa, caliente y lubricada vagina y me vine precozmente. Tocaban la puerta... ella subió su tanga... se peinó y salió del baño. Al levantarme, me di cuenta de que tenía toda mi camisa empapada por el agua cagada y meada del inodoro, ¡no manches! Lleno de sentimientos encontrados... superpuesto por la mota... traté de dejar la ceremonia de mi iniciación... pero ¡NO! Mi noviciado no terminó ahí. La cachonda compañera, me metió en un automóvil y entre los incomodos asientos, se montó en mis piernas, removió su mojada tanga, me puso un condón y la volví a penetrar. Tuvimos un orgasmo, un poco más exitoso; esto del tener sexo, es mi vía crucis. Anécdotas, retengo profusas. En el departamento que heredé de mi abuelita Rosa, organicé durante... más o menos... diez años... bacanales tremendas de teatro. Fue mi primer espacio de investigación escénica; un laboratorio de confrontación y reflexión. Trasformé la sala, en una cámara negra de siete metros de largo y cuatro metros de ancho; le tiramos la pared de la cocina, para hacerle la ampliación de la cabina de iluminación, sonido y la barra del bar. Tenía dos habitaciones; una quedó siendo mi recamara privada; la otra se usó de camerino y salón de ensayos; para las lecturas de análisis de texto y clases de perfeccionamiento artístico; en pocas palabras vivía, sin salir de mi departamento, en mi propia biosfera teatral y calculo... unos... seis mil implicados. Grandes artistas disfrutaron de mi territorio heredado por mi abuela. ¡PERDÓN ROSA! ¡Mi intención de aprovechar tu obsequio, se desvió en un báratro. Me metí mi primera tacha, MDMA, LSD... mis primeras y últimas líneas de cocaína. En este espacio forjamos gramos y kilos de ¡MARIJUANA! y el maldito ¡ALCOHOL! La única droga que me atrapó en sus garras; desarrollándome, sobre todo, mi paladar cervecero. Se tuvo sexo sin pudor, amé con intensidad y lloré de igual manera. Fueron tiempos de alto rigor de empirismo... pura felicidad ¡DIONISIACA! Me forjé como director, dramaturgo, iluminador, productor y me perfeccioné como actor; no solo nos drogábamos. Teníamos disciplina, inclusive, para hacerlo en sus tiempos, digamos, permitidos. Puedo decir, que me controlé por estos... diez años... viviendo en esta morada; pude someter... supeditar, digamos entre comillas; dominar al Alcohol y las otras drogas... no los estupefacientes a... mi tesón... una falacia... en fin, mi Mezcalito. Vitoreo, las pocas experiencias en este depa; con gran delectación y sin yerros; de tal suerte, el gaudeamus más significativo; cumpliendo veinticinco. ¡WOW! La organizó una amorosa. ¡UN BOMBÓN! Una fiesta sorpresa. Abrí la puerta y mis amigos gritaron; ella, me salto y me beso francesamente. Sus labios jugosos, su cuerpo fastuoso... abrazándome, mirándome con sus hermosos ojos miel y en ellos el paraíso que retoñaba esplendorosamente. Me preconizaron con espontaneidad. Mi preciosa, compró botellas de gran calidad; vodka, tequila, vinos tintos y blancos... muchas cervezas; carnes frías, pan alemán... increíble agasajo; fui ¡EXTREMADAMENTE DICHOSO! Comparece placenteramente en mi memoria, cómo y cuándo te conocí; mi ¡Hidalga! Actuaba una obra exitosa; la temporada traía muchas sorpresas. En 1994, me premiaron de "Revelación Masculina del Teatro Mexicano"; otorgado por la mejor asociación de críticos teatrales; tú, mi mejor etapa como actor. Me aprecias interpretar a Fleming; pasaste al camerino a felicitarme... te vi. Tu belleza llenó, íntegramente, el espacio que nos rodeaba. Caí a tus pies... detonaste mi propensión y perdí el control; en una centésima de segundo me desquiciaste. Te acompañaba, él, te llevo a verme interpretar y fantaseé, que podrías ser mi consorte. Ese anochecer, nos llevaste en tu superdeportivo a mi departamento. Durmieron en el cuarto de invitados. En la aurora, se despertaron temprano para irse a la universidad. Se bañaban. Entraste a mi habitación... semidesnuda... más cautivadora que la noche anterior; te acercaste a mi cama y me susurraste al oído... logré ver la punta erecta de tu pequeño pezón y me musitaste:

—Aunque dormí con él, no tuvimos sexo. No soy su pareja. Tú me encantas —me siguió susurrando al oído; si ya me fascinabas; ahora, estaba perdidamente enamorado ti.

Unos días después, fuimos a una celebración. Se corrió el chisme, de la encandilada efusión a mi Hidalga. ¡NOS VALIÓ MADRES! Danzamos besándonos... maniáticos... excitados... jugueteando en el centro de la sala. Me le declaro... dices que sí. ¡SÍ! La palabra mágica. «¡SÍ QUIERO SER TU NOVIA!». Nos retiramos a mi depa. Traías una minifalda; la subí y encontré tu tanga... humedecida... oliendo tan suave y te lamí, poco a poco, tus perfectos labios vaginales... gemías y entendí nula tu práctica oral; en mi ejecución. Probé tus pezones tan redondos, tus pechos, ni tan grandes ni pequeños y me pediste jadeando... que te penetrara. ¡HACEMOS EL AMOR! Gemiste tan fuerte, segundos antes de un intenso orgasmo, un éxtasis; superlativo paroxismo en tu sexualidad. Acurrucados lo confesaste... me coronaste de tu gran amante. Mi Hidalga, cambia el ¡NO!, a una burbuja de un ¡SÍ! Bienaventuranza. Si me da una convulsión alcohólica puedo gritar ¡AMÉ! Acotó e imprimió dharma esta vivencia romántica y de apostasía, a todas mis relaciones y mis posteriores sufrimientos. ¡Décadas tratando de olvidarte! Hidalga, me propusiste venerarte; una propuesta de eterna complicidad. Entré en su cápsula de resguardo. Acceder a su mundo, un descaminado. Dejar al artista jodido para transitar, en la mirífica refulgencia de su piel opípara; de su epicúrea y férvida entelequia. Terminé con mi Hidalga... a los casi... dos años y medio. ¡FATALIDAD ATERRADORA! Rompimiento, causa y efecto, gran parte; por culpa de su familia que me odiaba; les daba ¡asco! Me invitó a su mansión, para presentarme a sus papás, al parecer, todo afloraría intachablemente; comimos armoniosamente y me fui. Más tarde, llegaste a mi departamento... llorando. Me contaste que: « tu madre tiró los cubiertos que utilicé para comer». Hipabas de odio. Les expusiste que: «si pensaban que tus problemas eran, por la culpa de la influencia de mi ser artista; estaban completamente equivocados». ¡Me defendiste! Te suprimieron tus primogenituras. ¡No pudiste con este pobre! ¡Lo CONCIBO! El poeta emanó. Sublimé un poema. ¡MI HIDALGA POETIZADA! Miles de palabras te exorcizaron. ¡DESVANECIERON TU PRESENCIA! Contigo, mi proyecto aficionado de ser escritor se convirtió, en una tarea profesional. Son tan pocos, los momentos que aludo de felicidad. ¡LO SÉ! Son tan insuficientes que por supuesto, vale la pena vivenciarlos; frente a las terribles pedas y crudas que vivencio. Lo triste ¡CARAJO!, es la gota que derramó el vaso... ¡ PINCHE ALCOHOL! ¡Me orillaste a DESTROZAR MI CARRERA! Devasté sustancialmente mi a mi actor. Me es difícil disponer la fecha... ¡IMPORTA! Mi amada Hidalga... ya me acuerdo... tenías tu disquisición de titulación y en esa ocasión; tu Servidor tenía función por la noche de Hamlet. En este examen por la mañana, todo saldría a la ¡ PERFECCIÓN! Su pasión por la puericultura yacía en la comparable, que apasionaba por la actuación. ¡Paroxismo por la ἐπιστήμη epistēmē! La avizoré exponer su tesis... afloraba un espíritu celestial... de cognición. Para recibir los resultados de su investigación; esperé en el exterior del paraninfo, un minuto. Se abrió la puerta del anfiteatro... saliste llorando. ¡PINCHE SISTEMA! Prorrumpiste que: «te reprobaron y que consideraban, que repitieras un año de la licenciatura». La consuelo caminando de la facultad de medicina, al estacionamiento; ella se subió a su coche y tu Servidor al suyo. La seguí hasta Coyoacán. Entramos a un restaurante de mezcales. ¡POR DIOS MEZCAL! ¡A LAS DOCE DEL DÍA! Pedimos la famosa "Tlayuda" de quesos y empezamos a chupar los mezcales más caros de la carta, uno tras otro; de repente, ¡Las 4:00 am! ¡Cabrón! Manejé media ciudad y no sé cómo lo logré. La función empezaba a las 4:01 am. ¡LOS DIOSES DEL MEZCAL ME PROTEGIERON! Entré por el acceso; entre el Auditorio Nacional y el Teatro el Granero. ¡ESTABA PEDÍSIMO! Obviamente ya me estaban esperando. No me está sirviendo... tengo nauseas... expele y sigue resintiendo ese momento crucial. ¡NO SOPORTO ESCUCHARTE! Ya sé... ve la pared... tócala... sí estás aquí... tranquilízate; es el mezcal que te está hablando... recuéstate. Ya vomité mucho... no hay sangre... inhala y exhala... muere... renace; continua. Me ayudaron a ponerme el vestuario, mis adorados técnicos. Si amo y respeto y siempre llevo en mi corazón, son al personal que hace operativo al teatro mexicano. ¡LO DE MÁS SON PURAS MAMADAS! Mis queridos técnicos, ¡ayúdenme! ¡Chingones! Soy basura. ¡NO MANCHES! Dieron la tercera llamada. ¡Y SALÍ! ¿CÓMO ME ATREVÍ A ENTRAR AL ESCENARIO? Accedí a la primera escena. Mi personaje, unos de los guardias de Elsinor. Abría la ficción. ¡DIOS MÍO! Estoy tratando sin dicción, de entonar mi primer diálogo... los parlamentos no salen... distingo al público... todo es muy confuso... alucinante... ¡LA ILUMINACIÓN ME DESLUMBRA! Salgo de esa escena y empiezo la mentadera a los compañeros. El mezcal me está enhebrando... no me castigues; ¡clemencia! Infinitas disculpas... les pido a todos mis compañeros y a todos los artistas, que he lastimado y faltado al respeto. ¡PERDÓNNNNN! De rodillas me pongo; soy un ¡IDIOTA! Es que estaba sacando la frustración. Mi Hidalga, reprobada por un procedimiento culero y vetusto de instrucción. ¡Uffff! Y seguí saliendo a escena; encarno a Rosencrantz. Sollozo en todas las escenas... gimoteo en los camerinos; nadie puede hacer nada. Finaliza la función. Mi adorado chiquito, ¡EL DIRECTOR!, que estuvo cuidándome; me lleva a mi departamento. ¡ESO ES AFECTO CARAJO! Me despedacé. Remolinos... ¡PINCHE DE DÉJÀ VU! Suena el teléfono y es mi hermosa Hidalga preguntando: «cómo te fue». parcamente le contesto:

—¡La cagué!

La percato afligida.

—Tranquilo. Mañana voy y vemos qué hacer —me declara condoliendo mi situación.

Cuelgo, tiro el teléfono y me desmayo. ¡QUISIERA UN CONSUELO! ¡Solitario! Jodidamente melancólico. Denegación. Comprendo a la comunidad teatral por mi expulsión, ante la falta de respeto al Teatro Nacional. Abro los ojos y aflora mi Hidalga, con un six de cervezas. ¡UN SIX DE ALCOHOL! A las ¡4:00 am! Platicamos sosegados, sobre mi sueño de estudiar filosofía y me estimula:

—El lunes, sin falta, te ayudo a inscribirte en la Facultad de Filosofía y Letras de la UNAM.

¡PINCHE FILOSOFO DE MIERDA QUE SOY! Ni terminé mi maestría. ¡PINCHE MEDIOCRE! Y tu mi Hidalga...

mi pasión, ¿dónde estás? Y todo para qué, para que emigraras de mi... unos dos años después; ¡TU PINCHE AVENTURA LUMPEN! La última vez que nos vimos, mi bella Hidalga; en mi departamento. ¿Nos despedimos eternamente? Al día siguiente, me subí a mi "vocho rojo" con destino a Acapulco; aun considerando, que entraba un huracán. Manejé escudando a... "Sueño Stereo". Me fui por la federal y me metí a un motel en la costera del viejo puerto; tomando cerveza y escuchando sin pausar el mismo disco; Me regresé al Distritito Federal. Al llegar al depa, vi una película que me marcó y a partir de ese momento; te empecé a añorar y transferir en el personaje icono, de la literatura romántica... inalcanzable Estela... de la magnánima "Great Expectations", del maravilloso Charles Dickens. Ojalá estuvieras aquí. Anhelaría que irrumpieras por el intersticio de mi salvaguardia; aun así, te aparecieras con descendientes y te manifestaras trasnochada... desusada y grotesca o al contrario... arrobadora... espléndida... omnipotente y exuberante; ¡EXPECTATIVAS! Sin inquisiciones ni escudriñamientos te galantearía... seduciría... cortejaría... coquetearía y flirtearía y tendría sentido y lucidez... me perdí. Lo humillado... es un tremendo ludibrio. Sé, por los técnicos del teatro; testigos universales de los actores... que... ¡HABÍA ROTO EL RECORD! Era el actor que había llegado a representar, más embriagado, en la historia del Teatro el Granero. Aluden que: «grandes del teatro mexicano, habían llegado muy pedos a dar función, pero no como lo hice y me explican que: «como prueba de mi tremenda borrachera, que, en el intermedio el público comenta que el actor, que actúa a Rosencrantz, está borrachísimo». ¡MIERDA! ¡QUE IGNOMINIA UNIVERSAL! ¡RENUNCIÉ! Inadmisible permanecer temporada. El director me contradice: «no lo perpetres». ¡REPUDIAR! Paradójicamente en esa presentación, asistieron los críticos que dan los premios a lo mejor del teatro; y soy el único nominado de HAMLET, a mejor actor de reparto; ya me habían dado el premio por esa prestigiosa puesta en escena, donde nos enamoramos... mi amada Hidalga. Ganaba mi segunda condecoración a mi carrera de alcohólico. ¡ACABAMIENTO! Nunca es tarde, hoy, empiezas a reconstruir tu ROCKSTAR. Dolorosamente, tocando en el fondo de mi tribulación; te advierto, temblando desesperanzado ¡Abismal! Seguro tengo cirrosis y demencia. Hablando y contestándome, con esta voz que correspondo, aprovechando lo sucedió; mi susceptibilidad en las garras del vicio; purgar... meditar etapas sin continuidad; transcendiendo, en sesenta segundos erizos de abstinencia. En un minuto, te estabilizaras y dejaré de escucharme desdoblado; como si tuviera un monitor, de los que usan los cantantes y que se ponen en los oídos; lo quitaré y entonces, reconoceré mi baladro y tendré ¡ la CERTEZA!, que el espeluznante mal viaje se consumó; aunque continuaré cavilando mi indefensa debilidad. Resta verbalizarte mi Mezcalito; que mi Papá, al ser químico industrial, limpiaba mi comida, mi baba, un ¡baboso!; tamizando la leche en POLVO, para evitar gases en mis intestinos; ¡claro!, padezco de gastritis y colitis. Me resabió al extremo de llevarnos a Acapulco, recién nacido, por avión con mi Mamá y él se marchó por carretera, para que tuviéramos un transporte y comodidad de lujo. En las celebraciones, llevaba un kit de juguetes; un parque de diversión exclusivo, para que no jugara con los juegos bacterianos, de esas fiestas infantiles y así, perseverante me procura. ¡Con acervos! Por consiguiente, no me encuentro tirado en la calle como un indigente o en una granja, amarrado desnudo a un árbol... o en la morgue; soy un mantenido fracasado... disfrazado de creador. ¡Cabrón¡ Comprendo que no pagan, lo correspondiente por tu talento; ejemplificando: en los insufribles retrasos del pago; de esperar por meses, acudiendo a una pedorra oficina para humillarme; para que una inútil secretaria, descaradamente te informe, que tu cheque no ha sido firmado y que por este inconveniente, no sale la liquidación de la temporada. ¡QUEJÁNDOME! No negaré, que he llegado a ser el artista que soy, por el apoyo de mis padres; de mi amado papá en especial; ¡mierda de profesión! ¡No manches PENDEJO! Te infartarás del coraje; prioridad es rehabilitarte al parejo, de regenerar tus entrañas laceradas. Mezcalito, así manifiesto mi energía destructiva; primordialmente, por el estrés del factor del destiempo, espejo, vacío y precipicio del símil periódico que empezó, el día que me enamoré por primera vez; entendido como un frustrado éxtasis; no de la pinche droga, MDMA. Drogarse es una sensación inacabable de amor artificial, de la falsa comprensión sensorial, por todas las cosas que nos rodean. Reviviendo la segunda experiencia con una tacha, que me marco y aportó esclarecimiento; me la metí en el mar, con mi amada Hidalga. Las sensaciones… ganas… deseo de amar profunda y honestamente; entrañable viaje que nos diferenció lo que sentimos, después de pasado el efecto… preexistía… deliciosamente, en eternizar el furor natural que manaba del boato de serenidad; sin ninguna sustancia artificial, de diseño falaz… realmente nos amábamos. Mi generación fue sorprendida y enajenada, por la falsedad de este estupefaciente; una bomba atómica, un ¡tic-tac! que tarde o temprano iba a detonar. Asimilando en un simple paso de danza, erróneamente ejecutado; mi primogénito enamoramiento me creó un esguince fatal, sin retorno a mi ensueño. ¡No manches!, mi Mezcalito. Experimento una anagnórisis inmersa en la catarsis, concientizando que mi primordial cariño se implantó, en el trauma metafórico, de mi fatal devenir y ¡no manches!... seré un caso perdido. ¡Un retrasado emocional! Resentir el padecimiento abortado… rechazado, con la homóloga ingenuidad e intensidad; ¡"Fe"! Ese artículo metafísico de la ceguera que me creó la desconfianza; terror que experimenté cuando cupido, irresponsablemente, me flechó; eventualmente sé y es, que caí ofuscado… maravillado… sugestionado… hechizado… encandilado… por la hermana de mi mejor amigo; En la actual "virtualidad", es indescifrable, mi expresión amorosa de los ochentas. Soy orgullosamente del setenta y uno; del maravilloso Atari… ¡Carajo! No teníamos la facilidad que da la inteligencia de una laptop o un smartphone. No soy hippie… ni yuppie; soy de la generación equis. "X". Nuestra crisis es un limbo que a nadie le importa. ¡Pinche melodramático! ¿QUIÉN SABE? Somos la transición para ascender a la generación, evidentemente de los posmodernos "millennials". Nacen y obtienen un celular y tablet, para asistir a la academia. ¡POBRECITOS! A nosotros, nos daban cuadernos para forrarlos con papel lustre y plástico trasparente e inodoro; usábamos plumas, marcadores, sacapuntas, el kit de reglas y compases y mis amados lápices bicolor, rojo y negro; el romanticismo de los útiles escolares. ¡CHINGÓN! Recuerdo la tarde, que el papá de mi mejor amigo, les regalo el Intellivision a él y sus hermanas. ¡WOW! Fue la sensación ¡no manches! El Pac-Man, el Space Invaders, el Donkey Kong, el Frogger; me quedé con la boca abierta. Mis padres, nunca se preocuparon por tener tecnología de punta; gustábamos de otras prioridades. Entendiendo su posteridad mexicana, al desconfiar expresar libremente sus utopías; ¡reprimida a punta de pistola y teología! Silenciada por el sistema que les mató sus ilusiones, el 2 de octubre de 1968… ¡no mames! ¡Claro! Luego vino el cambio radical; la revolución tecnológica y junto con pegado, apareció en escena la supuesta música estéril, erróneamente escuchada, supuestamente chafa, de los ochentas y noventas del siglo pasado. Mucho mejor que su ¡REGUETÓN DEL EREBO! ¡NO manchen! Tengo que asumir la nueva mundanidad y ser un asumido sin más identidad, que la de no tenerla. La depresión llegó al paraíso; son nubes negras y tormentas de incomprensión. Avizoro, que no existe un lugar para la cultura y el arte en esta nueva generación. ¡NI EN LA MÍA! Ya lo avisto límpido; finiquité ¡al CREADOR! ¡SER de LUZ! Apesadumbrado reparo en la sucesión de fases; el caos en su totalidad. En esta fecha, son todos los anacronismos, que el hombre pueda concurrir; una coyuntura, que casi la puedo tocar; está frente a mi tercer ojo y me da pertinencia, ¡PARADÓJICO!; las palabras me hablan y parado ante el frontispicio tan mentado, del grupo The Doors, me invitan a mi The Dark Side of the Moon, de mi Pink Floyd existencial. ¡Amarra y AGÁRRATE! Soy la prostituta radical, transformándose en caudal por artificio; ecuación bestial. ¡Quién se atreve CABRONES! No lo hacen... es... imperdonable; soy el perfecto mal ejemplo. ¡EGÓLATRA UNIVERSAL! ¡ME VALE... LO QUE PIENSEN! Soy el ¡SUPERHOMBRE! Entre millones de alucinaciones compruebo y consto, la verídica puerta del pórtico al orco. ¡SE ABRE EL VÓRTICE INFERNAL! ¡El ALCOHOL es la llave del AVERNO! Se escinde la dimensión y allano tirando el llavín, al abismo de la farándula; se me apertura el portón del show business, de la industria del espectáculo. Empezaba a florecer, como el artista virginal que salió de una academia teatral. ¡UNA SECTA DE FARSANTES! El panegírico es: maquinar algo simplemente complicado. ¡NO MANCHES! Me lavaron el cerebro para crear teatro en contra de los medios. ¡La

TELEVISIÓN el ENEMIGO! El séptimo arte, es el término medio. Sin pretender competir, una minoría de cineastas lograron triunfar; talentos nacionales guerreando, contra y para, no ser absorbidos por la maquinaria gringa. Creando estilos sin degradarse, ante las copias que sistemáticamente y sin creatividad se plagian en facsímiles. Mientras tanto, nos entrenamos y perfeccionamos un teatralidad, que dejó con los ojos abiertos y la boca babeando de saliva amarga, al contexto antes visto en el Teatro Nacional. Logramos salir del país y nos aclamaron; empezó la posibilidad de decir, ¡no!, a la mierda mediática. ¡Y SE FUE A LA CHINGADA! Lo obscuro nunca investigado se diluyó. No caí en cuenta, de que me había quedado rezagado al decidir negarme, entrar en el sistema. La invitación a la faramalla, me daba julepe. Tuvimos el dominio de un lenguaje, técnica, poética y lo compraron. La supremacía... un sector ¡PRIVILEGIADO! de artistas con pujanza, brío y fama; sobre todo, ¡Celebridad! Tengo pensamientos grecolatinos. ¡MEZCAL DIONISIACO! ¡Mi camino a ELEUSIS! La Diosa Fama, me empieza a ofrecer visiones de las peores noticias terráqueas. Eso es la ¡FAMA! La Diosa, de los anacronismos de mi peste; de mis actos extraordinariamente perniciosos. Visiono una generación de estrellas perversas; cháchara de comediantes, bajo un cielo celeste de espejismo; advierto, un valle amarillo y desértico; admirando las infames modorras de mis trasnochadas. En mis pesadillas jamás, volveré a dormir. Se oportuna el hecho, en la historia de la humanidad; la total devastación de los seres creativos. Descubren su enorme hocico de millones de colmillos filosos; epidemias globales; es la calenda de las guerras. La creencia que el ¡DIOS TECNOLOGÍA, es el REY DINERO! Alabemos al ¡APOCALIPSIS! Estoy dentro de una ficción que está, dentro de una ¡CIENCIA FICCIÓN! Los seres que me rodean, son las criaturas de la mediocridad; manejando los intereses perversos de la creatividad. Vivo en una nación de muchos mundos absorbidos, por los esclavos feloneses que junto con los fariseos, detuvieron el sueño inmaculado, de las dimensiones trascendentales. Van en hordas a las escuelas doctrinantes de la incultura. La sabiduría que Dios nos ha regalado y que quieren sin esfuerzo y sin gastar energía, quedarse con toda la riqueza del creador supremo; son unos voraces depredadores. Una vez que los esbirros se infiltraron en las mentes brillantes; devoraron sus cerebros para ganar la autoridad y controlar más mentes paniaguadas. Me pone abatido. Berreo entre las sábanas llenas de excremento. ¡LO LOGRARON! ¡PUSILÁNIMES PARTIDARIOS! ¿Y si aceptaba la convocatoria de los apocados? Me manipularon los zafios, de que al hacerlo, alcanzaría la superior celebridad. ¡DEYECCIÓN PURA y OLOROSA DEPOSICIÓN! ¡EXCRECENCIA! Lo peor está por venir; mis visones del teatro están en un punto inexistente y en extinción. Presencio... a productores y directores, compañeros creativos, faltándome el respeto. Mediocridad maquillada... tetas de plástico... premios de las academias. ¡ME REVUELCO COMO GUSANO EN SAL! Frente a esto... ¡MEZCALITO ME SIGUES CUESTIONANDO! ¡VENGA! Hoy no muero. Empieza por la pregunta genética y ontológica; los que están o estamos ya en edad de tomar una resolución; los audaces, que tal vez, tengamos la llave de la redención; una portería cerrada, por la coyuntura milenaria de nuestros ascendientes no sé... lo que ¡SÍ! sé, es que los grandes avezados, ¡LAS VACAS SAGRADAS!, siguen teniendo la potestad de la obstrucción contra el idiotismo. ¡NOS APLICAN SUJECIÓN! ¡ESTAMOS MALTRECHOS! La diferencia en mi animación; son mis diestros caudillos de la ¡INSURRECCIÓN del PENSAMIENTO!

¡FINADOS! ¡MALDITOS poetas!, aplastados por los adocenados, que determinaron el rumbo... ¡POSTERIDAD sin DIOS! ¡Sin BOLONIOS! ¡ADOCTRINA CONSUETAMENTE lo PRÁCTICO! Cotidianamente, encontrando un escucha, que nos pueda excarcelar de esta epizootia. Sé por mis catequesis, lo que es críptico... ilícito... bizantino sé, que no sé... y eso es saber... ya sé algo. ¡MI INEPCIA! Brego contra estas psiques anodinas, que conjeturan su vulgar y falaz sapiencia; computadoras vivientes que resuelven enigmas, que son la máxima ineptitud. Padezco, un tremendo albor de pertenecer a la civilización minorista; es un pundonor distinguirse en este mundo por ser excepcional; humanidad de los sauquillos, en el que soy un simple meritorio... no predestinado... no un vehemente... vegeto sin ningún valor pertrecho... desleído albicando mi vapor etílico. Transmutado en su DNA y ahí, ¡DIOS SÍ EXISTE! ¿Qué quedaba por hacer? Será mi única victoria. ¡SER CUERPO Y SANGRE DEL DIOS ALCOHOL! Ahora me siento diferente; respiro exclusividad... soy intangible y protegido; el resultado de estar beodo. ¡YA! ¡LARGA VIDA A MI REY! Un retorno al germen; ¡mezcalito divino, déjame ver a mi Papá! Mi padre es: un hombre viejo... sabio... es un rey cuerdo, en mi reino de locura. ¡Mezcalito divino, déjame ver a mi Mamá! Mi madre es: una mujer que vive su propio abismo... toma pastillas... no duerme... sufre de un intenso dolor en su cuerpo y en su alma. ¡Mezcalito, déjame ver a mi Hermano! Mi consanguíneo es: un banquero que tiene un venidero de profusión muy sólido; tiene familia y es amado... es mi Hermano menor; lo admiro... se está casando; entré a la iglesia llorando. En este momento de estantigua, un estereotipo vulgar. ¿Quisiera tener una familia?... hijos que suceder; entiéndelo... este análisis psicológico, puede ser razonable; quisiera ser perpendicular y tener usanzas periódicas. Cenando con mi cónyuge e hijos; sé que eso del connubio, no es para mí. ¡ES PATÉTICO! ¡AMANCEBAMIENTO LEGALIZADO DEL SISTEMA! Soy un sentimental que rechazo al desposorio; sin importarme estar tirado en esta cama asquerosa; dándole vueltas a la misma mierda. Regodeándome en mis panoramas, de una imposibilidad que pujo. Lo único que considero; es que mis padres, ya no se preocupen... lo conciben. Es... es que... he perdido la importancia de las entidades. Viajo en este oscuro túnel, desde que abrí el vórtice pavoroso; se me viene a la mente el escrúpulo. ¿Por lo menos he amado? ¡Sereno! Deja que Mezcalito te guie; ya reventaste y faltan muchas horas de sanear. Le tengo que ganar a mis cachanos; incólume, encontrando el vórtice iluminado y sin ser soso... tedios y soporífero, regresaré a mi frugalidad. Adobar mi enfermedad; precisar el salir de este tártaro sin Dios. ¡SOY UN PROCAZ! Un cínico melodramático. Lo ilusorio me queda de pasmo; ni mandado a hacer. Mezcalito, que me traes a la mente a Marcel Proust. ¡NO!, ahora ¡NO! Lo que queda de mi tiempo desperdiciado, en cada sorbo de espíritu; ¿qué queda Marcel? Escribiste netamente... recuperar el tiempo perdido en doparme; me atrevo a decir que soy, las fracciones de tu enorme novela. ¡SOY SODOMA Y GOMORRA! Demoniaco Marcel, que me sintetizas en tu ficción y me minimizas. ¡TE PASAS MARCEL! Me susurras: «ten la oportunidad de no razonar en tu muerte». Adivino que todo lo que me sucedió, ya estaba escrito, en los siete tomos de tu magnánima novela. ¡Proust! Diste tu vida para recuperar lo perdido; tiempo demencial del óbito y por lo tanto de la vigencia. Tengo la certeza, de que esta diligencia, es el estudio de una obra maestra; porque si se descifrara, desde muy temprana edad, el pensamiento de Proust; otro mundo residiría. ¡Así lo manifiesto!

Estamos postrados ante el tiempo que pasa indolentemente. El minuto que camina, al deceso que nos seduce; expiración que pensamos en excedencia, que es el homicidio que da expresión al cronos, de una doble articulación; va y sobreviene sin acabamiento. Mi Marcel, que se embebe en las cosas baladís; pura idealidad. Eso soy ¡Mezcalito!, rehilando de pavura; segrego todo lo que debería acoquinarme... dejaré detrás a mi integridad; al ilimitado sin recato ni yerro... ni expiación. Así fue. Son dos grandes etapas: antes de ser comediante y después de ser artífice; soy lo sustancial extremado. Lo vernáculo tan recio; una impresión, que no puedo volver a bisar de estar, en esta situación de estúpidos dislates. Estólidos cenutrios estultos y cretinos. ¡AFECCIÓN! ¡Cíñete!... halaga tu cara... acaricia tu vientre... ¡NO! es, una elemental pesadumbre corpórea, por esta parquedad; cruda insoslayable. ¿Cómo evadir lo inexorable? ¡NO SE PUEDE! Redimir; descender en los miembros de la imperturbabilidad; luego la conveniencia de vivir otra fase concibiendo exorcizar, a mis estantiguas féminas gallardas; vilipendiando mi pretérito granjeó, la real belleza de los misericordiosos. ¡Lo sé! Crear y maniobrar, efectivas estrategias de aproximación a mi ser amartelado. ¡Me niego!, la facultad de aprisionar mi espíritu que me remolca, fascinantemente, al ofuscamiento... lobreguez que me hace salir de la vivacidad de volverme cabal... vicisitud inexcusable... imprescindible... irremplazable alternativa de un huero que me extingue; luego entonces, amar es postergar mi ruina. ¿Cómo puede ser, que después de haber estado, totalmente, seguro de mi beatitud; pudiera vivir una desazón así? Mi debut y despedida, ¡chido!, al parecer... ya todo está escrito, ¿o no Marcel? Así que no hay más que ver este huraco, que al final, tiene un lecho concreto; tocarlo y sentir que la respiración se expira, para conquistar los vericuetos que me alejen de mi dependencia. Ver al pasado como una sazón que nunca expira y el ahora ensoñar esta efigie nauseabunda del fracaso; del tempo, que corre paulatinamente a lo nimio. Le aposté fuertemente, por el ser un ente que podía metamorfosear mi entorno. Lamentablemente, soy un doliente designado. Tener que pasar por tantas experiencias fatuas, sin más sentido, que el de experimentar una metempsicosis. ¡Ahora pienso en tu Gregorio Sansa, mi amado Franz! La lobreguez que entraña a la luminotécnica. Presencio un México sin educación; que vive el día a día, de un viaje al porvenir de la incertidumbre; sin reparar, de que es hermoso el arte. Y estos chavos mexicanos que me torturan, con la consonante mierda de música; sin coherencia armonizable, sin líricas poéticas y sin acepción posible; los atiendo tan cerca... en la poolparty... en la casa vecina; cavilo que piensan, cuando bailan la vesánica música y se embriagan estos infrahumanos; razono, que sueñan tener una mínima economía que los haga sobrevivir. No pueden sus pútridos cerebros apetecer más en la vida. Le discurro al hado. ¿Por qué no nací en un primer mundo?, estaría escuchando música trance, en un rave, de una alberca de otro nirvana. ¿Por qué advine en esta nación, hado? Donde la pobreza es negocio; interés, que ni cara tiene. Y si Dios existiera; así como lo enjalbegan las religiones; pienso, que sería imposible que un Dios así como lo pintan... bondadoso... conciliador; que todo lo perdona... omnipresente... ubicuo, se insolentase a vindicar toda la iniquidad que está adoleciendo la humanidad y es entonces, donde la pregunta trascendental, por el más allá de la precedencia, me cuestiona. ¿Para qué morar? Residir esta realidad que me provoca esta nausea y me retuerce. Me agarro a la taza de baño; mi única ancla para no desvanecerme; para no irme, en el remolino de mi vómito, cuando le jale al retrete.

¡Espirar! ¡Emanar! Expulsando de mis arqueadas la bilis. ¡Considera!, el coraje que padeces; expectora y aun así; ¡SÍ SOY UN PINCHE FRESA! Soy un ¡JACTANCIOSO! ¡Pinches chamacos! ¿Cuándo van a terminar su aberrante orgía? ¡YA PUSIERON SU PINCHE KARAOKE! No puedo salir a callarlos; estos Millennials, ni siquiera te van a escuchar. Sería mejor mandarles un mensajito; es la modalidad que articula sus vínculos, a través de la virtualidad, de las pinches redes sociales; que son la degradación del putaísmo de sus almas. ¡TODOS ESTAMOS EN ESTE AVERNO! ¡Su pedo! y ni ¡NI PEDO! Los tengo que soportar. ¡NO PODRÍAN CANTAR MÁS DESAFINADO! ¡CÁLMATE! Es que ahora, es escarnio virtual; quién tiene más seguidores, determina lo ¡CHINGÓN QUE ERES! ¡No manches! Duérmete un rato. No se puede, con este escándalo que tienen estos ¡PENDEJOS! Tengo la sensación, de que si me duermo, me voy a desmayar; me darán convulsiones, morderé mi lengua y dejaré de respirar. Cierro los ojos y veo a personas desconocidas; sigo delirando ¡carajo! Si despierto, recato tú voz... autoatormentándome con mis choros. Me encantan tus disparates. Sabes que lo hago con toda mi efervescencia. Soy asimismo despótico, un cursi repipi; por eso me gustan las ficciones de empresas quiméricas. Disfruto ver como el protagonista, cae literalmente, como dicen en inglés, "Faaaaaall in Looooove"; decae textualmente, a su propia calamidad y logra la perpetuidad, que triunfa ante su entronización. El personaje sin ningún pudor, sin reglas, sin moral, ni ética, vence las rémoras que le impiden perpetrar la afección de su infanta. Por ejemplo: un párvulo, pierde eternamente lo irrecuperable. De la veteranía de su niñez y ante el apotegma dramático, si este personaje, no pude sobrevivir a la vida, en un hito de su primer devoción, estará prescito a sufrir el destiempo. En el tártaro encaballará la eternidad a su pasado aciago. En el origen existía, un candoroso espermatozoide penetrando un óvulo; ahora es, un antihéroe, que no puede persistir la inflexibilidad del intempestivo tiempo. Malgastará el fetén de La PREDILECCIÓN. Mi afección con este tipo de ficciones, siempre me hacen lagrimear. Soy un dechado de mi presente. Me dan nauseas. Estas pamemas dan rienda suelta, a la delectación de haber vivido ese emplazamiento, de una exposición radical de mi existencia; luego entonces, en la procedencia de mi primer experimento quijotesco; esta ventura... no te la he narrado con tanta minucia ¡Mezcalito! Considero englobar mi enfermedad, en el referente monumental y majestuoso del Chango. Si él pudo controlar su ¡ENILISMO!, puedo asolar... masacrar y exterminar mi destemple etílico. Ya pasaron... treinta años y el Chango sigue siendo, este extraordinario e incondicional amigo. De estos años por lo menos, lleva como quince, sin consumir Alcohol; mientras que tu Servidor... ha acrecentado su ingestión del espíritu etílico. Con la excusa de ser bohemio; estereotipo pasado de moda, que representa a los artistas. ¡No mamar! El Chango es mi testigo. Las ocasión, por ejemplo: que me invito a sus cumpleaños en Acapulco... que ¡pinche vergüenza!... ¡me cae! Me quedé ahogado... dormido en la mesa, en plena cena familiar y me tuvieron que llevar cargando, a la habitación del hotel. Así puedo cuantificar muchas... que cruda moral... siento un gran oprobio... sé, que no debo de sentir esta deshonra... soy un enfermo; así lo debo de justipreciar y reitero, que si el Chango subyugó al alcohol... tu Servidor tiene la obligatoriedad de poder... repítelo... ¡debo poder! ¡tengo la obligación de dominar! ¡la incumbencia de potestad! Y ¡SÍ! Estoy tocando fondo... es una ignominia, chocar contra la pared del exceso. El Chango, debe ser un ejemplo en este momento. Y tu Servidor aquí, temblando de abstinencia; meditando y deseando contactarlo, para dar continuidad a nuestra hermandad; es la oportunidad de dejar de atormentarme. ¿DE QUÉ? Tengo una vida llena de privilegios; ¿y por esto sufro? ¡NO MAMES! Recapacitar en los momentos que perdí y no disfruté de nuestro apego. Preciso reencontrarme con el Chango, no recuerdo con exactitud, la última vez que lo presencie físicamente; donde se desgarró esta continuidad... atino, que comimos una pizza; los dos tomamos refresco y desde su elocuencia, me puso al día de los pormenores familiares... en viceversa; le relaté mis propias experiencias... fueron... unas dos horas... nos despedimos y ya. Soy parte de la familia del Chango. Contradictoramente al enigma y conflicto no resuelto, del cambio social que mis padres desearon y realizaron... sin explicación; estoy sacado de onda. ¡Chilla a lágrima viva! Un gran esfuerzo. Un pequeño paso a mi recuperación. Ya sospecharas, mi Mezcalito; que empecé a alcoholizarme y aciertas, fue... con el Chango. Es importante confesarlo, sin buscar culpables; el hecho fundamental que he negado, de mi forma de tomar Alcohol... un autómata inconsciente y soberbio... me intervendré. ¿Por qué la obsesión por saber la casualidad? Esta psicopatía, manía, la idea fija, por ejemplo: de hocicar por, ¿cuál es el significado de lo primero? Y ahí me pierdo horas sagradas; ahogado aseverando, sin deducir mi terquedad, de estar reiteradamente considerando, que pocos seres humanos, disfrutan de su primer amor. Es un hecho matemático que, según mi parecer, deja una huella imborrable o solo superable; meta y triunfo entre dos individuos amándose libremente o... es la evolución del fracaso o el éxito; puras ¡pendejadas! Me da rictus mi cavilación nietzcheana: "Solo los que puedan perdonar, pararán este fenómeno llamado venganza; dejarán de ser barbarie". Soy un maldito vengativo. Me tengo que condonar. He atormentado a mis seres queridos; ¿cuántas veces, los he desvelado hasta el cansancio, contándoles mi pasión por tópicos, extremadamente soporíferos? ¡Grecia! ¡NO MANCHES! Reiterar tercamente y sin control e imponer mi absoluta opinión; mi gnosis embriagada de que los griegos, tan lucidos para razonar, que la raíz etimológica de mi "crisis" es: "krisis" con "K". La connotación y designación de esta palabra es: crecer, por lo tanto, ¡estoy creciendo carajo! Debo impedir boicotearme. Aunque eso es, lo que quiere este pinche sistema; una sociedad, que no me deja entrar en crisis y no me deja meditar; me hace creer que la tranquilidad, que me da tomar Alcohol, ¡ES SÚPER CHINGONA! Me venden la idea, de una vida ilusoria sin problemas, ¡no mames! Mis metas y sueños, ¡se van a la chingada! La resultante es, mi tremenda mediocridad en que vivo. Es la media... lo mediático y fácil que es tomarse un placebo y sentir que el dolor de la existencia desaparece... cuando la vida es sentir calambres del tiempo en el espacio... mi evasión es mi meta. La culpa no la tienen, en su totalidad, las drogas. Yo soy el mediocre... un cicatero ¡mamón!, que quiere presumir, mí disque omnisciencia. Soy un nefando... muy... mmmmmmm... muy... cansado... ya no puedo... me quedo... dor... mi... do.

El bosque se abrió sin pudor. Sus brazos de naturaleza infinita me rodearon, me sedujeron al punto de un éxtasis casi no humano; fuerza esencial y sobrenatural. Veo los árboles moverse, por el fresco aire de la tarde que es, cada momento de este sublime y apolíneo ocaso. Mis piernas se vencen a la gravedad; caigo al pasto de rodillas. Deploro profundamente. Algo sobrenatural, me llena profundamente de una sensación de tranquilidad; un momento universalmente extraordinario. Cae la noche. Una descomunal luna, sale brillando con todo su esplendor, extraordinariamente blanca, llena de una colosal energía, desbordando una desmesurada luz, extremadamente brillante. Las lágrimas no dejan de brotar, el infinito rio de sublime descarga de angustia; cause que desborda mis traumas. Se desarrolla y libera mi negatividad. El vórtice de obscuridad se está cerrando. La luna se acrecienta magnánimamente. ¡VASTA! ¡GALLARDA! Mi lobreguez y sus espíritus se exorcizan. Los ciclos de recaídas se cicatrizan y clausuran. ¡Menesteres! El astro inaugura, una inédita estación. ¡PRETÉRITO MALDITO! ¡NO EXISTES! ¡ESPÍRITU ENDEMONIADO! Ya no tienes acepción; son lenguajes deshabitados. Te he derrotado, adefesio del averno; estoy triunfando esta lucha contra los abortos y aberraciones de los esperpentos. Mi testigo es esta bondadosa luna. Tengo la certeza total, de que el ingerir Alcohol, ya no existe en mi pensamiento; Alcohol baladí. Sobreabundante cordialidad por el ¡TODO! universal. Se cierra y sella, con mil cadenas de acero indestructible, el torbellino en el vórtice infernal de mi adicción. Se abre ante mi ser, la puerta de la mesura. Estoy disfrutando mi parquedad. ¡GRACIAS CREADOR INMACULADO! Estoy curado, en este horizonte de energía lozana que me habla. Auscultándote mi ¡DIOS!; la misión compete mi experiencia; es un cometido y comisión proyectar tu sapiencia, ganándome tu pulso, sangre y cuerpo. Es mía... mi... morigeración. ¡PROBIDAD!

¿Dónde estoy? ¡Qué pasa! Te quedaste un rato dormido. ¡NO MANCHES! Estaba soñando con un bosque... en una epifanía... totalmente curado de mi alcoholismo. Tengo que seguir descansando, sino, no me voy a recuperar. ¡Qué horror!

Tuve un sueño delirante. Eternizo... que estoy viendo por la ventana que tiene este cuarto, un grande y hermoso árbol; teniendo como fondo... una luna llena... con un sinfín de enormes cráteres. Veo personas que me ven. Están en las ramas del árbol y bajan volando, mientras una mujer planta está bailando. La acompañan un grupo de brujas. Es una orgía. Es Dionisio. No perder el control. Son figuras tridimensionales que se mueven, alrededor de la cama. En el grandilocuente árbol de repente... ya no hay personas; ahora me observa un cuadrumano. No recapitulo... son delirios... ni siquiera me acuerdo; de cuando cerré los ojos y empecé a desvariar entre el sueño y la vigilia. Mejor me mantengo despierto. ¡Un antropoide! ¡Claro!, rememora tus aventuras con el Chango, mi Mezcalito; me sonara, como me tañera su apodo; convergiendo sin reputar... ¿qué gran alias? Explícitamente; ¿por qué no? El fundamento de distinguir al Chango, mi ¡mejor!... es la causa y el puente a mi usufructuaria amistad. ¡No manches! Hay cierta coherencia; aunque estoy repitiendo y reproduciendo las equivalentes máximas; que no me acaudillan, a ninguna conclusión y lo que presupongo... lo discurro... rumiando... tengo que seguir durmiendo un poco, ¿¡o ya estoy soñando!? Es otra anfibología... un retruécano; ¡qué vaguido! Me emboto... me avasallo... me quedo... dormido... dor... mi... do.

Caigo y me levanto. Es un proceso doloroso, que es poco entendido y eso sí, juzgado por la sociedad que pretende hipócritamente, que está libre de una adicción. ¿QUIÉN no es adicto a una sustancia, idea o cosa? ¡Cómo si esto fuera posible! La sobriedad ante un eminente escape a una posible muerte. Estoy volviendo a recaer y aquí estoy, tratando de regresar a la cama apestosa y sudada. Lecho de mi destino mortal. Morir, vivir, no más. Por eso trato de sopesar y lo único que logro estructurar como pregunta es: ¿cuánta cerveza queda en esa última caguama que abrí? ¿Será la última? Y si es así, ¿qué hora es? El recurso de desenterrar es mi salvación. Veo con el tercer ojo. ¿Dime qué ves? ¡No mames! ¡Porque me vienen estas imágenes! Pinches delirium tremens; que pueden ser sabiduría o por lo menos un pedorro paliativo, positivo o negativo de la abstinencia. Caigo, para renacer. La puerta de este cuarto está conformada, por una luz poderosa que la penetra. Soy de Dante. Empiezo el largo recorrido de la depuración; me amarro a mi único amuleto, una cruz, rosario creado, de un pedazo apreciado de madera. Me aferro a la almohada. ¡Órale!... escucho una voz que reconozco. Es mi Papá. ¡Estoy alucinando! Sí es mi papá. Me levanto de la cama y abro la puerta. Exterioriza con una voz enérgica y dictatorial:

—Tienes una semana, sin contestar mis llamadas y mis mensajes. ¡Estás tomado! Vengo por el coche.

¡No manches! ¿Quién chingados le confirió mi dirección? Es cierto, debí regresarle el coche que me prestó, para irme a la gran ciudad. Pero aquí nadie tiene mi número celular. ¡No mames! Está aquí mi padre, ergo, entonces, ahora sí… se acabó la fiesta. Mi papá, por primera vez, me enfrenta cara a cara y me pongo a llorar. Me pide: «que si no puedo parar de beber, me deje ayudar».

—¡No quiero ir a una clínica papá!, de entrada son muy caras y te pido que no llegues a la desesperación, al no tener dinero, de llevarme a amarrar a un árbol; que me bañen con agua fría y me destrocen, lo poco que me queda de amor propio, de afecto a ustedes, a mi vida y mi carrera —se lo expreso sollozando.

—Mijo, sé que estás enfermo, pero párale, tú dime como te ayudamos; por lo pronto báñate y come algo. Tus vecinos me dijeron, que llevas embriagándote casi un mes; ellos te van a apoyar con comida.

—¡Ok! Está bien papi. Regresa a tu casa. ¡Ya no te preocupes! Déjame tener claridad, estar sobrio y tomamos una decisión –se lo manifiesto conteniendo una diarrea de lágrimas.

—Así será. Dios te está bendiciendo.

Llorando me besa, abraza y se va. Ahora sí, ya valió… la cosa consistía, en que no me viera así mi papá. ¡No mames! Ahora voy a temblar y no voy a dormir. Estoy de nuevo en el vórtice del fondo del báratro. ¡DIOS! Lo voy a lograr esta vez. Cómo dice esta oración… la de la serenidad.

¡AHHHHHHHHHHHHH! ¡No manches! Estaba soñando con mi papá. Me quería internar en una granja de rehabilitación; me procedía firmar… unos papeles de autorización, engañándome… diciéndome… que era el contrato para cambiar de modelo de celular y estaba rezando. Mantente despierto. La equivalente habitación es diferente; no tiene esa ventana enorme, que deja ver ese monstruoso árbol… con ese simio. Estoy proyectando mi niñez, desde la originaria instantánea, que fotográficamente, me refresca recordar mi infancia… y es… de un niño montado en una moto y junto con pegado; la resonancia del estruendo, bramido erótico, del traslado por medio de la fuerza de un motor, mediante la combustión de gasolina explotando y haciendo girar unos engranes enérgicamente; de ese vehículo de dos ruedas que atrajo inmanente, a toda mi atención. Luego le doy origen y dramatizo a este chaval, saltando en rampas de montículos de arena... carreras de patineta y la clásica bicicleta... nos estamos desplazando... recreando; mis representaciones descubren un hallazgo: es exclusivo el esparcimiento que goza este chavito, ergo, me excluye de este divertimento.

—Sabes lo que me pidió tu hijo; una motocicleta. Es tan peligroso como una pistola —le especificó madre a mi papá.

La estoy escuchando... es de noche y están cenando; mientras mi Hermano y tu Servidor, vemos un programa de televisión.

—¡Tranquilízate! Así tuviéramos dinero, nunca, le compraríamos una moto —escucho declarar a mi papá—. ¡Lo prohíbo!

Veámoslo así. Esta prohibición... este ¡NO! categórico; fue el motor que me impulso y causó mi rebeldía; a ser un ente inmoral... a lo que realmente soy. Es orgánico mi reaccionar ante situaciones de superioridad o de figuras de mandato. La paradoja estaba, en que la velocidad, la adrenalina, la posible muerte en un accidente; atañían a muy buenos ejemplos y percepción de mis progenitores. Hallo que, ante esta estructura de pensamiento tan cuadrada y rígida de mis padres; tu Servidor reaccionara insatisfactoriamente ante esta represión, que tal vez, me llevó a tomar la decisión de ser artista. Puras conjeturas, mi Mezcalito. Así que en vez de tomar esta desaprobación categórica de mis papás, como una denegación provocadora de mi rebeldía; la transformé en un anhelo, que tarde o temprano se me iba pasar. Perdería la aspiración de tener una motocicleta. La cosa subsistía, en tener avideces y un antojo de relacionarme negativamente, con esta autoridad familiar. Sucedía, mi primer reto contra mis padres. Así que tenía, obligatoriamente, que conocer a ese niño; que ¡sí! tenía dinero, por una parte y por la otra, tenía unos papás que lo dejaban tener una motocicleta. A la distancia, la sangre como herencia y como parentesco, no es tan importante; reitero que es una insumisión; porque los papás del Chango, se convirtieron en otros progenies, dentro de mis prosapias. Ya no puedo negarlo... pecaría de poca gnosis; así que no voy a denegar. En este instante, que tengo unas ganas tremenda de sollozar... estoy sombrío. ¡Sácalo! Es que no discernía. Rechazaba que mis papás, fueran de una clase menor, económicamente y que fueran cautos y diamantinos con mis fantasías. Y no vivíamos tan de la chingada; ya que este proceder de mis progenitores determinó, toda mi idiosincrasia y lo que iba a experimentar en mi augurio. Tener en cuenta, que pudimos quedarnos en el departamento de la Colonia del Valle. ¡Qué aventura! La decisión de querer cambiarnos, de ese departamento, que estaba en la esquina del metro Zapata; para mudarnos a un residencial de lujo, en la zona sur de la ciudad; gallote designio, que comenzó la construcción de una casa. Una mansión... que ya no nos pertenece; por la manía de mi Mamá. Ahí está el pedo con mi progenitora. ¡NO PIENSES EN TU MAMÁ! ¡SE VA A JODER TODO LO QUE HAS RECONSIDERADO! ¡Está bien! Ya para que torturarme con pendejadas. Esa casa, está en un fraccionamiento exclusivo, en uno de los mejores códigos postales de la Ciudad de México. No importaba el cómo lograrlo. Mi Papá trabajaba del amanecer al atardecer; su ausencia era notable y ni aun así, pudo sostener en sus hombros, tan presunto y monumental proyecto. Lo veíamos confrontado, angustiado, sufriendo; por cortamente cubrir con su salario, los días de raya de la construcción y sobre todo, la presión del pago de los créditos bancarios; todo esto potenciado, por una economía mexicana en devaluación. A mi padre, por lo tanto, lo trasegó a la dura realidad, de tener que tomar la alternativa, de parar la cimentación o seguirla; pero eso sí… teníamos que mudarnos, a este inmueble que seguía en construcción. Reflejar sin censura, ¿quiénes son mis padres?, los reconcilia, ante mi percepción de la actualidad, en dos grandes guerreros; ya que en ese entonces, me sentí zaherido… ultrajado… escarnecido al estar viviendo en esa edificación, pobremente habitable. Cabezas estoicas, héroes románticos, que logran sin dudar sus aspiraciones, pináculos morales y mercantiles; deontológicas y espirituales; que no bajaron la guardia y no se amedrentaron de esta fábula, casi inverosímil de conquistar. ¿Cómo iba asimilar este proceso? No lo tenía que inferir; ahora lo concibo. Todo lo que viví en esa mutación, en ese fundamento; fue un rebote de sempiternos intentos, algunos mal logrados, pero maquinaciones de superación; porque mis papás, habían dado un salto triple mortal; una aspiración de convertir una situación negativa, en una carga de positividad; en pocas o muchas cavilaciones… la verdad ya no sé. Solo le doy vueltas a la afín idea… al silogismo. ¿Por qué teníamos que mudarnos de jaeza social? Pero la maquinación no se quedaba ahí; era peor. La premeditación también incluía, el tener un adestramiento distintivo, para mi Hermano y para mí, en una escuela de oropel con gente opulenta. ¡Qué manera de partirnos en la mother! Esta gloriosa conveniencia para mis padres, digamos, esta prosperidad, valdría todo flagelo y abnegación. Mundologías, ostensiblemente traumáticas, ¡no manches! Lo estoy resintiendo en muy mal pedo. ¡WOW! Es, como si estuviera ahí, ¡no manches! Estoy teniendo una regresión; es la visión de evocar el recordar a mi padre, mostrándonos por primera vez, el terreno donde íbamos a realizar nuestro anteproyecto de vida y es: pura piedra volcánica; llanuras de extensión de lava desértica, emanada y expelida, de la violenta y grandiosa erupción del volcán llamado Ajusco; (en n náhuatl: ātl, xōchitl, -co 'agua, florecer, de donde' 'floresta de aguas') o vulgarmente el Xitle, (de nahuatl xictli, "ombligo"); el día Nahui-Quiahuitl del año Tecpatl, que corresponde el 24 de abril del año 76 de la era cristiana. Quietismo mental y bucólica iconografía, que se fue plasmando en mi imaginario y así, todos los sábados y domingos o ambos, puntualmente, fuimos a este páramo de magma, para ser testigos de cómo, poco a poco, se iba construyendo el escenario de esta producción arquitectónica e ingenieril de mis padres; y así, imperceptiblemente, las piedras se convirtieron en muros y paredes de sustancia volcánica. Vislumbro a medio finiquitar: un jardín frontal, para ulteriores zonas de juego, una cocina, con una gran sala, en el segundo nivel. En el tercer piso, está una biblioteca y estudio, sala de televisión y dos grandes recámaras; un gran error, de los pocos que presentaba la mansión en su diseño, seudomodernista y ocurría, que mi Hermano y tu Servidor, teníamos que compartir una ajustada habitación; con tanto pinche espacio y construyen solo dos alcobas; es para reír y llorar, ¡no manchen! ¡Somos unos pinches nuevos ricos! También ostenta un patio trasero, con área de lavado y hasta posee, un pequeño aposento de servicio y este cuartito; es lo mejor diseñado de toda la construcción y fue el espacio que más disfruté. Este dormitorio, incluye una ducha y una ventana grande... puedo acechar, desde de la enorme sala, que da a esta regadera… la "muchacha"; así me enseñaron a decirle a la mujer, que hace la limpieza de la mansión. Está desnuda… bañándose… que deliciosas tetas tiene y su vagina es tan peluda. La espío y me masturbo todas las noches; a ella, le gusta bañarse de noche; nunca cierra la cortina de la ventana de su baño; ni cierra la de la regadera. Ahora concibo… factiblemente; que esta muchacha, sabe que la apetezco y la escruto. Los domingos, es su día de descanso; cuando mis papas y mi Hermano salen sin mí a comer o al cine; porque tengo mucha tarea que terminar, ese es el pretexto; entro a su cuarto… olfateo su ropa sucia… para encontrar sus bragas y oler… sus sucios calzones. Estoy muy caliente. Masturbarme ahora… me relajaría. ¡NO! Al rato, por la madrugada para ver si así, me puedo dormir… mmmmmmm… me encantaba la residencia. La vemos crecer desde sus cimientos, mes tras año, hasta que se acabó el presupuesto y de repente; de sopetón un día, en vez de solo ir a distraernos un rato a la obra; ya estamos viviendo sobre suelos sin lozas y paredes sin pintar. Frivolizar y aniquilar el resentimiento mi Mezcalito… esa dilación se convirtió, en el día de la mudanza a nuestra nueva residencia. Día fatídico de mi existencia y rechazo total al vernos contenidos, entre esos muros umbrosos y varillas sueltas; polvo imposible de limpiar y ese frio ambiente oliendo… tan peculiar a cemento; monótono estado de nuestro ánimo familiar. Pero algo que compensaba este mundo deslucido, de tabiques abstractos es; que este residencial, tiene un enorme parque de varias hectáreas, totalmente privado, que fue diseñado para uso de los residentes de "Parques del Pedregal". Es un área diseñada para uso de las familias, que vivíamos en ese lujoso fraccionamiento. Otro privilegio burgués, que balanceó, el vivir en esta seudoconstrucción. Tenemos la posibilidad de recrear todos los juegos que podamos imaginar; desde el fútbol soccer, hasta el americano, pasando por el béisbol; saltando con bicicletas y motos, por rampas naturales o territorios de escondites; para jugar a guerras de pistolas de aire y espionaje; este campo, que convenía el privilegio revolucionario que Porfirio Díaz, había protegido, cuidado y defendido hasta la muerte; creando la alegoría ideal, de una sociedad de crecimiento, meramente económico y nacionalista; teniendo como objetivo proteger, a la clase generadora de riqueza, es decir, a los apoderados y estirpes ricachas. ¡Mis huevos! Es una especulación; una mamada mía, para una pinche investigación, para crear la obra de teatro, que quería escribir y dirigir; que mierda iba ser. Pura pose de intelectual; un intento de crear una ficción histórica, para contextualizar emocionalmente esta situación, de este mundo clasista, que experimenté. Una imposición, eso, una dictadura, que mis padres nos ejercieron a mi Hermano y a mí; para que creciéramos con los hijos de empresarios, banqueros y herederos. Creo que creyeron que así, nos alejaríamos de vivir cerca de una posible pobreza económica. A mi Hermano, sí le ha funcionado; es un potentado banquero. A mí... un artista desempleado y mediocre, ¡por consiguiente, NO me funcionó! Estoy jodidamente en la penuria. Porque esta sociedad de ¡FIFÍS!... si de algo pueden presumir; es de su brutal incultura. Es una pinche falta de educación cultural, frente a un desborde desmedido de riqueza; desacertadamente surrealista. Porque estos párvulos mexicanos, que vivimos en este residencial y teníamos donde entretenernos... para lo único que atañía... pura exención; un concepto, que me encabrona hasta el tuétano y es mi insurrección contra esta política cultural, que he rechazado hasta el hartazgo; porque ahí, todos mis intereses se redujeron, a subsistir en este pequeño burgués, que no puedo dejar de consistir y que por esta conciencia desenrollé, una fobia al capitalismo; recíproco estimuló, que francamente, agudizó mi tirria por el peculio; ya sea por no tenerlo y si lo he obtenido, es por mi don; con un pinche salario de mierda o un mísero porcentaje de la taquilla. La angustia, jodida incertidumbre, de tener dinero para retenerlo; tenerlo para ahorrar. Tremenda falacia. Sabes que me llaman "el marro", Mezcalito… y es porque las pocas ganancias de mi vida profesional, deberían mantenerme, por encima de la mediocre idea de sobrevivir. Me las amarro viviendo con lo mínimo; por eso no me doy lujos, por lo menos, estoy superior de la media de los mexicanos, que económicamente, están eternamente fregados por sus deudas. Me escucho y me doy asco; porque mi papá me paga mis deudas. ¡Me da para mi renta y comida! ¡Estoy mal! ¡Qué ingenuidad! He disfrutado de esta prerrogativa, en un país hundido en la pobreza. Y este desequilibrio crematístico, se generó en ese Parque de la colonia. Lo puedo agraviar en mínimos y frívolos detalles, que vivenciábamos diariamente: comíamos carísimos dulces chatarra, importados de Gringolandia; caramelos comprados en la fayuca, al salir los domingos de la Iglesia del Pedregal. Nos distraíamos hasta el cansancio, sin límite de tiempo, disfrutando nuestra disipación de un modo, que pocas juventudes, pueden obtener en esta nación, en continuo detrimento moral y ético. ¡QUE PRIVILEGIO! ¡LA SUPREMACÍA DE PERDER EL TIEMPO! Y perceptiblemente esta concesión, me generaba una insoportable ansiedad; ya que sabía conscientemente, que mi familia, no gozaba de esta preeminencia. En este Parque, ¡no manches!, desde los quince años, abríamos las primeras caguamas; sin ningún peligro, de que nos cachara una patrulla de la delegación Tlalpan; ergo y por supuesto, que he conocido la influencia y la prepotencia de saber, que podíamos hacer todo

Alcohol

lo que queríamos y por esta avenencia ahora, sufro las consecuencias de no tener límites; el ejemplo está, en mi manera de chupar Alcohol. ¡ANY WAY! La misión era, conocer al Chango y el Parque fue, el escenario perfecto para lograr esta finalidad; conjuntamente, me daba el pretexto perfecto, para salirme diariamente de mi tétrico palacete. Así que lo primero que desarrollé, fue un plan para provocar, lo más casual que se pudiera, este encuentro con el Chango y por supuesto, esta estrategia consistía en: lograr maquinar ser incluido, en alguno de los equipos organizados por la comunidad de estos chicos del residencial y aunque me cagara practicar estos deportes; me esforcé y recabé, que me aceptaran en la plantilla de futbol o baseball y así empecé, poco a poco, a interactuar en la vida del Chango y sabes mi Mezcalito... me di cuenta, mientras escogía a los integrantes de su equipo, que él, constantemente capitaneaba; me cayó el veinte... de su rudísimo carácter. Anteponía, la antítesis de mi fragilidad, a lo opuesto y concreto, de advertirlo extraviando su autocontrol. Su irascible forma de accionar, se contraponía a mi femineidad; determinante contraste, de nuestra fantástica fraternidad; de la sagacidad, hipervehemente de Macbeth, a la nociva inacción Hamletiana. Así que accioné mi proactividad; acción que, por coyuntura, provocó que mi plan funcionara. Mi ilusión de conocer al Chango, estaba yuxtapuesta, sobre todo, a que me prestara su moto; pero lo que no sabía, es que una pesadilla se avecinaba... destino adverso; cuando empecé a saberme atraído, por esta agraciada niña, que también andaba en motocicleta, por las calles de la colonia. ¡LO JURO!, que no até cabos rápidamente o inmediatamente; ni cercanamente sospeché... lo que, ¡no manches! De nuevo mi pendeja credulidad, de no darme cuenta de... ¿quién era esa señorita? y eso sí... enajenadamente; cada vez que auscultaba desde mi cuarto, el retumbo de los motores; corría rápidamente a la ventana que daba a la calle y veía como ese niño, el Chango, venía acompañado de esa linda joven, que manejaba a gran velocidad, otra motocicleta; hasta que por fin me cuestioné, la situación del porqué andaban juntos, todas las tardes, estos dos impúberes. ¡Caray! ¿Era su hermano? La impugnación de hipar que me equivocara, me llevó a preguntar a los otros muchachos, según tu Servidor, muy discretamente, sobre la relación del Chango, con esta damisela; hasta que constaté mis sospechas; en efecto... el Chango advenía, en ser el hermano de cuatro bonitas hermanas y ¡SÍ! Esa deslumbrante chiquilla, llamándome la atención; exaltando mi talante quijotesco, era la menor, de sus cuatro hermanas y para acabarla de amolar; la hermana cercana, para entretenerse con el Chango. ¡PINCHE VENTURA LA MÍA! Un domingo... lo revivo perfectamente, porque habíamos regresado de misa; desde luego, este residencial tenía en ese tiempo, una iglesia en construcción. Esa tarde dominical, ya no pude resistir las ganas de conocerla. Comí rápidamente con mis padres y me salí de la mansión, sin mi bicicleta, porque estaba descompuesta, para irme a pie en dirección al Parque; con toda la intensión de dar el primer paso... presentarme. Estaba embelesado y me valió... que apenas conociera al Chango; poniendo en riesgo, perder la oportunidad de crear una hermandad y de nunca maniobrar su motocicleta. Aludo, que cada metro que me acercaba al Parque, a los lejos; se reducía la distancia y cercanía, a su preciosa hermana; cada andar certero, a la trascendental experiencia y pericia, que iba a vivenciar en mi corta existencia; daba paso al tremendo nerviosismo, que alteraba e intensificaba la asoleada luz de ese atardecer; mientras que el trecho menguaba la lontananza, el confín, entre su resplandeciente presencia y mi firme entereza floreciendo, en el contraste infinito del ámbar de la luz solar y pude admirar... maravillado... asombrado... su piel morena... ojos paradisíacos, de un brillo espectacular; me quedé paralizado... embobado... aturdido... pasmado. El cerote de romper todo vínculo interno, reprimido que tenía se volatiza, como estrella fugaz... ¡me excarcelo! Es la coyuntura más candorosa y sublime; porque nunca se itera, dos veces en la existencia, un crepúsculo, como el que estaba experimentando. Estoy brotando fielmente; me estoy desdoblando, no como ahora, todo intoxicado y delirando a lo pendejo. El mundo es, el cosmos ecuménico de mi individualidad... soy el prócer acaeciendo, en mi libre arbitrio; tomar cualquier resolución y emprender el camino a mi ser. Fundo mi divergencia, entre ser un siervo, a convertirme en un benigno. Escudriño el encanto de mi propósito anhelado, donde se ofuscan los impíos es; retornar a mi ¡FE!, mi ¡dogma! Conjeturo, irracionalmente, que lo que tornasola a partir de su semblante, es, lo que me hechiza en ese anochecer; esa laboriosidad me incita; es mi batalla, mi ímpetu, mi instigación ansiosa y de pronto, ya me encuentro ante sus encantos... trato de alternar algún tañido; pero ningún sonido se expresa de mi gola y me quedo... reconociéndola sin manifestar nada; la pertinencia de mi vida se escurre... sigo pasmado; sus penetrantes ojos, sus prodigiosos luceros, me han hipnotizado; la perpetuidad, franquea mi existencia para la apolínea hermana del Chango; mi sempiterna epifanía, son solo unos apáticos segundos... para mí... lo innumerable. Su hermana, sin percatar mi revelación e iluminación que sentía por ella; se da la media vuelta, para dirigirse al grupo de sus amigas y la subsistencia... siguió su parábola; como si nada acaeciera. Como zombi, me fui a sentar en un montículo de tierra; lo único que podía... contemplarla... otearla petrificado; un moribundo y así... ascendió la noche y con la tiniebla... caí al huero. Lo último que rememoro, es que este grupo de jovencitas se reían; probablemente de un chiste o algo así. Esta princesa, se subió a su motocicleta y con sus hermanas, en sus propias motos, se encaminaron rápidamente y a toda velocidad, con dirección a su castillo. Infiero, la devastación total que siento ahora. ¡Suspira! Es el momento de que ese vetusto, deje de repercutir en el aquí y ahora; deja de corresponder... exhorta, todo ese rio de dolor acumulado, es que... es la idéntica sensación de resquemor. Mientras caminaba hacia mi casa, en medio de la obscuridad; el malogro de no haberme transgredido me fenece. Retornar a la mansión y decaer a una profunda oquedad. Confrontar y superarlo; darme ímpetu o aliento, de que la próxima encrucijada que viera a la hermana, celestialmente refulgente; pudiera por fin... consagrar mi objetivo. El estado taciturno e introvertido de mi proceder, tenía que ser desemejante; pero sabía profundamente, que no acontecería así. Mí denegación, intuitivamente asimilaba que esa doncel, nunca, correspondería paralelamente al capricho y temperamento que me afligía. En esa anochecida, antítesis del sobrenatural atardecer malhadado, ¡PESAROSO!; debí cerrar ese lance. Hubiera sido lo mejor... pero ¡NO! Mi tenacidad, me regresó al plan inicial; ya que el tiempo sobraba. Es el halo, el sesgo maldito del desliz, que pasa lentamente. Por ejemplo: cada vez que hago... extreme close up... al reloj... solo ha transcurrido... un minuto... sesenta segundos; que disminuyen mi malestar. ¡Estoy erizo! Mis nervios están tronchados. No hay posición, donde mi cuerpo se sienta holgado; mis articulaciones están oxidadas. Mis dientes titiritan. Siento que me voy a morder la lengua. Que ya transcurra, por favor, ¡Dios mío!, te lo pido a ti y a todos mis muertitos; este calvario que padezco.

¡Tía! y ¡Tío! ¡Abuelas y amigos! ¡AYÚDENME! Me niego a fenecer hoy. Es que es genético. Lo he pensado unas cuantas veces; que mi problema, podría venir de herencia. ¡QUÉ IMPORTA! Pero ahora concibo, que puede ser, más allá de un estraperlo; una contundente explicación, del porqué, cuando empiezo a tomar Alcohol, ya no puedo parar. Mi Tío... murió de alcohólico. ¡Pobre desdichado! Nunca lo atendieron; ni mucho menos, lo entendieron correctamente. Mi abuela ¡CHUY! madre de mi Mamá... en vez de investigar su adicción, como una enfermedad fisiológica y psicológica; para encontrar un tratamiento, ¡SE CONSAGRÓ A REZAR! Su única estrategia de ayudarlo, era, ir a misa diariamente, para pedirle a Dios un milagro de sanación o tal vez, mi Tío, no se dejó tratar como un enfermo... por su ego. Mi Tío, fue un gran doctor; cardiólogo, científico e investigador. Rehabilitó a mucha gente de la diabetes y sus complicaciones; pero por la falta de sensibilidad de su familia, en cuestión de su alcoholismo... palmó en solitario... ahogado en su propia mierda y regurgitación. Se fue a la cárcava, con las fórmulas y descubrimiento que nunca patento. ¡Una desgracia! Me pone muy mal. Sé... que me apreciada; me respetaba de corazón y me preconizaba. Algunas veces se comunicó por teléfono a la mansión en obra gris; me hablaba, embelesado, para pedirme que le leyera alguno de mis poemas; me creía poeta... le embriagaba inconmensurablemente, una loa que entonaba... más o menos... de esta forma:

"Yo vengo de la luna...
un lugar muy frío...
Un astro...
con un sinfín de enormes cráteres.
Vivo...

en el mar de la tranquilidad...
Mare Tranquillitatis...
pero cuando estoy triste...
me refugio...
en el lado obscuro...
de la luna llena.
En su cara oculta...
para llorar...
miles de lágrimas de estrellas.
Nunca tengo sed...
porque siempre estoy tomado.

Algo así... no lo retengo bien. Mi Tío exhortaba en mi creación: «lucidez y excelsitud». Mi Tío era muy culto. Escuchaba opera y leía como loco; esto lo convertía en un mamón fachendoso e insufrible; según atendía que prorrumpían sus hermanos y mi abuela. Mi Tío, consideraba a mi poema, una composición artística, ¡es un gran honor Tío! Y así creamos un vínculo. La ulterior vez que lo vi... fue cuando ayudé a mi abuela Chuy, a maniobrar el coche de mi Tío... fuimos a Cuernavaca. Mi abuela Chuy, no sabía manejar en carretera. Fuimos a un tipo de granja o centro de rehabilitación; antes de regresar, mi Tío, nos invitó a comer; platicamos de mi vocación, de mi pretensión de ser actor; posteriormente, nos regresamos a la Ciudad de México. Creo, que se veía armónico, frugal... infiero, que consumió vertiginosamente sin dilación, al retornar de esta recuperación y siguió bebiendo hasta su hecatombe... su óbito y su expiración. ¡Tío!, te pido por mi lozanía. ¡AUXILIO! También le exhorto y le apelo acogimiento a mi ¡Tía! Ella se suicidó. Su hermana se inmoló... acto seguido, de que feneció mi Tío. Se hinchió un frasco de pastillas. No se eximió. En el alba proscribió su vigor, su substancia y hálito; bajando a merendar cristalizó: «que se sentía ahíta ». Ya había ingerido la sobredosis del litio; ascendió a su cuarto y se sosegó para eclipsarse. Mi Tía, me exaltaba asaz y al igual que su hermano, le gustaba mi poesía. Mi Tía, también escribía. ¡Excelsa poeta! Me leía sus versos, hermosos madrigales, que me adormecían por la noche, en la casa de mi abuela Chuy. Los dos hermanos vivían con su madre. Una navidad le regalé a mi Tía, unos poemarios que me autopubliqué; unas pinches fotocopias engargoladas en pastas negras; supongo que sí las leyó. ¡Dios, vela por mi tía! ¡Vigila a abuela Chuy! Mi abuelita Chuy falleció, un año después que mi Tía... de congoja. ¡Ay de mí! Mi Mezcalito, supongo, que me falta una sustancia en mi cerebro; unos elementos que regulen el ser o no de mi dipsomanía. Tengo un buen ejemplo, de estos casos de falta o no, de endorfinas. Mi socio, el abogado que me rentaba su suite en Cuernavaca, ¡cómo tomaba! Diariamente ingería un tequila por el día y en la tarde, entrando la noche, sus dos o tres wiskis; me explicaba: «que había tomado por años y aunque pareciera alcohólico, él, consideraba no tener esta enfermedad». Según él, había investigado sobre esta sustancia, la endorfina, que produce el cerebro y que hace la diferencia de tolerar y asimilar el Alcohol o no; es decir, que al no segregar esta sustancia, el enfermo, no puede dejar de beber y por lo tanto, al no asimilar el licor y ante la ausencia de la endorfina, la intoxicación y la adicción aumenta, hasta el punto, de que llega a ser mortal. Quiero apreciar, que esta anomalía, probablemente afecta a mi afección. El autodiagnóstico es: que no segrego endorfinas y por eso, me hice dependiente, muy rápidamente al Alcohol y sin tener la posibilidad de autocontrol, un ¡STOP, un disfrute de una solo copa; empezó el ¡caos! Empieza un envenenamiento interminable. Pensando en mis amigos muertos, que fueron adictos a la cocaína o al Alcohol... te inmortalizo, ¡mi querido GORDO! Mi Gordo y tu Servidor... actuábamos bajo su producción y dirección, una obra basada en los personajes de Stan Laurel y Oliver Hardy. Tengo que acotar, que ha sido el único hasta el momento, que me ha dado un adelanto y me pago súper bien, las cincuenta funciones que actuamos juntos. ¡Ah!, que mi Gordo; te desesperabas mucho, cuando tomábamos juntos y nos metíamos unas líneas... y si de algo sirve de consuelo, nunca me atrapó la cocaína, sino... ¡como estaría ahorita! ¡Qué monstruosidad! Mi Gordo, murió de un derrame cerebral. Me decía al verme, preocupado por la cruda física y moral, que iba a sufrir al día siguiente, y, frente a la situación de que apenas, llevábamos una libación de una chela; se reía afirmando en muy buena onda... dándome el consejo de que sino paladeaba una simple cerveza; por lo tanto, para qué embriagarme; ¡chupar para sufrir! ¡NO MAMES! Llegó a desesperarse tanto; que dejó de invitarme a sus veladas interminables. Otro gran amigo actor, que varias noches, después de sus funciones de teatro, se quedó a dormir en el sofá de mi departamento, ahogado; tu Servidor lo cuidaba con mucho cariño. En unas vacaciones, no fui en aquella ocasión, se metió crupedo a un temazcal y falleció; le exploraron sus viseras. ¡No manches! Perenemente he estado rodeado de seres que usualmente consumen Alcohol o tu Servidor, es el que corresponde a ellos; me atraen sus imanes adictivos y presiento que el Nachas... es el siguiente en morir. Mi Nachas, es el ROCKSTAR de la gestión cultural de México y sé que, si muere sé... que vivió plenamente; produciendo magnánimas producciones, abarcando las siete Bellas Artes. Diez años me invitó, ininterrumpidamente, a pasar unas vacaciones de lujo; del veinticuatro de diciembre, al cinco de enero, en su casita de la playa; residencia diseñada, por una de las mejores arquitectas del mundo... la querida... Nicole Dugal. La Princesa Descalza... ya tienes tu escultura... tu figura frente al mar y la brisa, de la playa de Troncones. Esta casita del Nachas, es un diseño minimalista: con dos recamaras y panorámica a la alberca, de entrada de playa; recamaras de techos altos, como de diez metros, de hechura de palma y troncos bizantinamente góticos; que sostienen esta estructura y potencian los sueños, de los que tuvimos el privilegio de dormir en estos aposentos, teniendo en el horizonte... al mar; los baños, en terminados de bambú, cocina abierta al cielo cerúleo del Pacífico; perfecto espacio de un ser, tan refinado, como el Nachas. Esta década de sublimes vacaciones, donde comimos delicioso, bebiendo cerveza y mezcal; ya para el atardecer, mi Nachas, me pedía que le sirviera sus wiskis en las rocas; para ver el ocaso del día, deleitándonos con tus colecciones de música clásica y opera; mientras cenábamos platillos de cinco estrellas. Como disfrutábamos, sobre todo, esas pláticas infinitas de arte, gestión cultural y planeación para la cultura de México. Te amo mi Nachas. Contigo y en esos camastros de madera brasileña, en nuestras microtangas, leí y te leí, los siete tomos de Marcel Proust. ¡Ah! Como recuperamos el tiempo perdido, de la inculta nación mexicana. Mi Nachas, por ti estoy aquí, en esta playa y si algo aprendí, por tu experiencia de disfrutar el Alcohol... fue tu ejemplo de elegancia, al beber esos Martinis, tan a tu talante. Tratarse de enseñarme el autocontrol, que debe tener de un bebedor, pero perdí el autodominio... esa es mi culpa y responsabilidad. Mi Nachas, regresando a la gran Ciudad, te voy a buscar. Tú, me puedes ayudar a meter en control a mi desenfreno; porque si mueres; morirá un líder, que ha sufrió la cerrazón de este país. En este nación, no leen, no van a los museos, ni a los conciertos de música clásica; menos a la ópera, el teatro o a la danza. Me duele ver la ignorancia, justificada por líderes que se hacen pendejos, dejando que el devenir de la historia demuestre, que somos un país, que no tiene una identidad concreta. Ya estoy porfiando otra vez, ¿y por qué NO? Porque hay que aceptar, que los seres que realmente valen la pena rememorar y solemnizar, se pudren en el olvido de este sistema, que mi Nachas, trató de permutar. Me pongo más aliquebrado y desolado, de lo que ya estoy; estoy demacrado... apesadumbrado... melancólico... atribulado... lánguido... abatido... desalentado... alicaído... afligido... aciago... funesto... infausto. ¡Amigo Nachas!, te pido que me ayudes; ¡ilumíname con tu sapiencia! ¡Amigos! Les pido lo mismo. ¡Familiares! Los invoco y los meditaré eternamente. Y ellos te escuchan, te consideran, te están cuidando... vigilando y velando. ¡SÍ! Lo presiento en mí corazón. ¿Cuánto tiempo ha acontecido? Esta cruda está insoportable. Esta abstinencia me está matando; es la peor que he experimentado. ¿Quieres ir al hospital? ¡NOOOOO SÍ puedo! Tengo que lograrlo. Es muy costoso internarme; sigamos ahondando; ocupando mi mente en apotegmas, que me narcoticen. Pernoctar. ¡NOOOO! Aunque me gana el síncope; pero espejismos, ¡NOOO! El Chango me serena y apacigua; pacifica mi asimilación, de que soy este doliente ¡mórbido! Convengo finiquitar a cercén, ¡desenterrar por qué llegue a este extremo!, es reanimar y abrir brecha, un intachable instante de gran denuedo. ¡Ahhhhhhh! ¿Dónde me qué? Te quedaste en ese rosicler fastuoso que terminó fatal. Fracasó tu estrategia de querer conocer a la hermana del Chango y empezaste a divagar, cuando decidiste seguir con tu procedimiento de concernir con Chango. ¡Exacto Mezcalito! ¡CONCÉNTRATE! Así será mi

Mezcalito. Resiente tus memorias y renace. Resurge limpio y sin rencores; dime: ¿cuándo o cómo, le hablaste al Chango por primera ocasión? ¿Cómo lograste conocerlo? Está bien. Después de esa tarde, en la que me quedé totalmente pendejo pasaron... como dos semanas, en las cuales, seguí aspirando coincidir con el Chango, pero me quedaba en equipos diferentes a él, en los chafas; tenía que provocar o esperar, que pasara una situación sorprendente, para quedar en la cuadrilla del Chango. Aproveché, que ya nadie me quería; era malísimo y por providencia, se lastimó el delantero del Chango y sin dudarlo, me postulé. No le quedó de otra, que escogerme y me puso de defensa lateral y al defensa titular, de atacante; así evitaría que mi torpeza, afectara menos al resultado del torneo; de todos modos, nos metieron muchos goles por mi culpa, supongo que no me reclamó, al verme tan atolondrado; apoyándome en cubrir mi zona que le quedaba cerca, ya que era el portero; al final del partido, me acerqué a la portería y le pregunté:

—Te llaman ¿el Chango? —él no contestó—. ¿Te llaman así? —le pregunté de nuevo.

—¡Sí!, así me dicen en la escuela. ¿Cómo lo sabes?

—lo que pasa, es que el otro día escuché, que así te llamaron tus... —y ahí cerré la boca; para no quedar mal y comprometerme de haber estado de chismoso, escuchado, lo que sus hermanas platicaban. Obviamente, no quería levantar sospechas; echarme de cabeza y balconearme, sería deplorable.

—Lo recuerdo. Mis hermanas, así me llamaron antier, para que fuera a comer, ¿verdad? —su tono de voz era interrogatorio.

—¡Así es! —y rápidamente le cambié de tema—. ¡Oye!, que chido juegas fútbol. De portero. Lo haces muy bien —le halagué.

—¡Gracias! Mañana tengo partido, pero en mi escuela. ¿Quieres ir? —sin duda le contesté, que por supuesto que sí.

Al día siguiente, ahí me tenías en las gradas, de su mamona escuela el Westminster. Creo que perdieron y al terminar la justa, se me acercó y sin saludar me dice:

—¡Pinches putos! A ese ¡cabrón!, el delantero, estoy seguro y lo sé, le voy a seguir rompiendo la cara, cada vez, que se acerque a mi portería. Deja que me lo encuentre y vas a ver. ¡TÚ!, serás mi testigo.

Su deponente y con esta encomienda, empezó nuestro compañerismo. Emprendimos el ser amigos. Se acotó, paradigmáticamente, mi raquitismo escuálido, contra su reciedumbre mostrenca. Ese día del encuentro, mientras regresábamos a su casa, manejaba su chofer, me comentó:

—Me gusta madrearme y romper hocicos; tú sabes ¿No?

En su mirada estaba la irradiación, de su demonio hablándome; ojos negros... ocelos acerbos y una piel fuliginosa... músculos corpulentos y boyantes; toda una bestia... un zafio, súper ciclópeo... un bárbaro hercúleo y temerario. ¡EL CHANGOOOOO! El perfecto cancerbero de sus deseadas hermanas; protegiéndolas en la comarca del residencial. Puesto que casi todos los del Parque, estaban de perros, tras los huesos de sus hermanas y tu ¡Servidor!; despeñándose en el mismo lugar común... emprendiendo, la rediviva ventura de conquistar a su hermana menor y como un filme ñoño de palomitas, me enrolé en el personaje, que desde la perspectiva del espectador, padece la peripecia romántica, de su primera experiencia amorosa, tirándole a platónico de sorche; el típico protagónico, de cientos de estas ficciones, que ridícula y cursimente me hacen llorar; sabiendo que mi antagónico... el personaje del Chango, un digno adversario, que podía suscitarse a pensamientos, que maliciosamente y sin discreción, el espectador supondría el desenredo, de que el antihéroe, el Chango, afloraba en un afeminado; solo por el hecho de convivir y relacionarse con tantas mujeres... por supuesto que ¡NO! Ni cercanamente estaba de ser un feminoide y ahí, radicaba la diferencia del lugar común de estas cintas. Al Chango, no lo protegían sus hermanas, en cambio tu Servidor, encarnaba al amanerado de esta ficción; el pobrecito desprotegido, que requería un partidario, como el Chango, para su auspicio. Soy un patético sentimental, una cosa flaca, sin ninguna cultura deportiva. Con unos enormes anteojos, ya pasados de moda; peinado relamido, de raya a un lado, frenos de caballo... definitivamente... contundentemente feúco, en todo mi esplendor... atroz... antiestético... un adefesio... tanto así que mi apodo que me deshonraba... el de ¡LAVATIVA!... no existía el Google; tuve que ir al diccionario de la mansión y buscar, lentamente, encontrando esta palabra y su definición. Leí: «INSTRUMENTO manual, que se utiliza para inyectar un líquido en el intestino, por el ano, con fines laxantes». El asombro, pudor y asco que me chocó, fue brutal; ya que esta depuración, paradójicamente desintoxicante, se convirtió en mi apelativo. Y fue por un estúpido intitulado... ¡hazme el favor! Mezcalito... ¡EL SÁDICO! Un Psicópata y líder de los gurruminos del Parque, el cual se encargó, de tener la creatividad de acreditarme este mote, como sustrato de mi debilidad y falta de huevos... no podía enfrentarlo ni a él... ni a sus compinches. Le tenía, lo que le sigue a la pavura... ¡TERROR! Reproduzco que una noche, que decidimos acampar el Chango, su primo y tu Servidor, en ese territorio que pertenecía al Parque; ya casi quedándonos dormidos... escuchamos el sonido de un diábolo, de un rifle de aire, que pegaba en la tela de la casa de campaña luego y prontamente supimos, quién nos agredía. El Sádico, mayor que nosotros, se divertía atormentándonos hasta las lágrimas; pero nunca se metía con el Chango; pero esa noche en especial, el Sádico, llevó a otro nivel su psicosis o estaba drogado, pero se atrevió, descaradamente, a secuestrar al Parque, como su territorio personal de campo de tiro; nos disparaba desde su motocicleta, fragor, que lo terminó de delatar; porque estaba equipada con un mofle, de esos que hacen el triple de ruido y sabíamos que él, lo tenía puesto en su moto; ya que estaba prohibido, por la mesa directiva de la colonia. Semejante ruido nos confirmó, que el Sádico nos disparaba y sin dudarlo dos veces, salimos corriendo sin parar, ni mirar atrás, directamente a la mansión del Chango. Despertamos a su papá. Saltó de la cama, con una 357 Magnum cargada y lista para ser usada; mi presión sanguínea, subió en segundos; no presenciaba una de las películas que nos ponía, el padre del Chango, a ver los domingos por la tarde; porque gracias a su papá, vi "SCARFACE" y otras "Pulp Fictions". Entre tanto su padre, representaba al personaje que se salía de la ficción... no actuaba en la película de acción; el mismísimo papá, corría en pijama ordenándonos, que nos subiéramos a su supernave, con este revolver tan grande, que daba escalofríos de tan solo verlo. En una esquina derrapo la nave y acorraló al Sádico. Se bajó velozmente del superauto y con pistola en mano, se lo llevó a su casa; despertó a sus padres y frente a ellos le ordenó: «que nos dejara en paz». Y ahí quedó la cosa. Nos fuimos a dormir, a la mansión del superadalid... paladín insigne y glorioso progenitor del Chango. Debo concretar, que la intemperancia, es muy desagradable y no la soporto; así que esta experiencia épica, la desdeñaría para soslayar, que no se reprodujera en toda mi vidorria. También reconstruyo, que el Sádico, le puso un balazo en una taquería, a un gran amigo del Chango; quien lo llevó al hospital y le salvó la vida como... a sus 14 años, ¡coño! A diferencia de tu piltrafa, mi Mezcalito, al Chango, sí le gustaba la adrenalina y examinar, que a su corta edad ya había vivido, lo que no se sobreviene en muchos años o nunca... es un caso fenomenal. El Sádico, tal vez, acabó en un manicomio, la cárcel o enterrado... no lo volvimos a ver. Pero mí apodo de ¡Lavativa!, permaneció en mi ser por mucho tiempo, en boca de los otros malpensados de la colonia. Cuando el Chango se enteró, de que este apodo me dolía; él, también me llamaba así... deduzco, que evaluó o inquirió que este apelativo, no adquiría significación; quiero conjeturar, que le pareció discrepante, la comparación de un humano, con la acción de una lavativa. El Sádico engendró este gallardete escatológico, al escudriñarme... le produje, le proyecté una comparativa, con la maniobra de una ablución anal y fecal. El Chango, para mi acaecimiento, reaccionó en contra de esta visión perversa del Sádico y por esto... me empezó a llamar por mi nombre; este acto de solidaridad, desarrolló en mí, una inconcebible tentativa de ecuanimidad, que no conocía y aludía; la de inspirar personalidad y gracias, a que todos le temían al Chango y sumando, que me había escogido de su amigo; obtuve redención y me dejaron de nombrar, como el Lavativa. ¡A...MI...GO! Exquisita palabra y tan devaluada por las redes sociales. Entre tanta degradación que adolecía; me sentí aceptado e intimado por mi patronímico; un bálsamo para mi alma... soplo de aire fresco... advenimiento inaudito... que me henchía de energía pragmática... salvaguardándome y me fiaba para desafiar, toda la desmesurada... pavorosa.... aterradora... áspera... escalofriante violencia, que se percibía en este residencial; una gran dádiva, que la vida me asignó. Ser el mejor amigo de alguien es, un conferir honroso; el inapelable augurio de florecer en una devoción; nuestra camaradería, estaba empezando a germinar en el respeto. Los puntos, se anotaron a mi favor; el plan daba sus resultados; los otros insidiosos, me empezaron a venerar; la confianza, también creció entre los dos y las largas pláticas sucedieron; empezamos a intimar y asimilé que su máximo tormento consistía, en la falta de franqueza que él, suponía no corresponder de estos compañeros; a los cuales, los atinaba como una bola de hipócritas, que solo se juntaban con él, para ligar a sus hermanas... y tu gentilhombre, desplomándome desde el conforme territorio de gazmoñería... un tartufo transitando velozmente, del pundonor de tener su apego, a mi fingimiento que arrasaba la infamia... de los otros traidores. Me duro muy poco la complacencia de no sentir la zozobra, que ya pensaba superada. Cada vez que mencionaba la pérfida felonía, de estos alevosos desvergonzados... me quedaba gélido y reparaba, que mi ponderación, iba a detonar en reconcomios antitéticos; esa obcecación de vesania... se mezcolanza con mi ingratitud. Y de tanto redundar su malestar de desafección... mi desagrado por los partidarios, que lo buscaban diariamente; potenció mi fariseísmo, al sempiterno. Y la incongruencia acrecentó el aborrecimiento, que me autojuzgaba; cuando el Chango especulaba y sacaba los porcentajes, de su ilación de deslealtad; la derivación era espeluznante; el noventa y nueve por ciento de sus conocidos, tenían intereses personales y pasionales con sus hermanas. Al no incluirme en este porcentaje... quedaba frente a su mirada, en el... uno por ciento de esta encuesta. ¿¡No sospechaba de mí!? Dentro de esta escala quedaba... como el supremo judas... infiel y pérfido taimado; fanfarroneando mi superioridad, por ser su incondicional amigo y peor tantito... mi semblante oculto en la penumbra, desde ese claroscuro, tenía la certeza de ser el escogido... el peculiar por ser el elegido y me embustí. Pensé que su leal camaradería, compensaría el influjo, de merecer estar embelesado de su hermana, como un plus de su lealtad. Y sí que traía un extra... mi prevaricación. La controversia de ser franco o no... la irresponsabilidad de mí engañifa, asimilando su reconcomio, confrontó mi ego y comprendí la imposibilidad, de la inclinación de conquistar a su hermana... un extravió... error... desatino... inaceptable descarrío. Amarré mis huevos, para efectivamente cumplir la promisión de lealtad; un notable acontecimiento, en la existencia del Chango. Aseveraría mi franqueza y fidelidad. Sin preámbulos... con un estremecimiento monstruoso, mezclado con adrenalina me convertí, en un ser con pundonor. La exculpación fue a través de una carta, que le desatendí en el buzón de su mansión; escrito, en el que le proclamaba: «que ya no tenía la distinción, de seguir con nuestra relación de amistad»; mi argumento radicaba: «que estaba enamorado de su hermana y que en estas circunstancias, nuestro afecto, no podía andar cabalmente; ya que no pretendía, ni de la menor manera, ser un irrespetuoso al entrar en su casa, insolentemente, con el deslavado pretexto, de cultivar nuestro compañerismo» y concluía en la posdata: «que deploraba perder su amistad». Le afirmé: «que sí quería alcanzar... lograr... ganar... obtener el atributo de ser su aliado; pero no de la manera que acaecía… al encubrir mi efecto por su hermana. Si disimulaba nuestra fraternidad y reprimía mi deseo, enterrando en lo más profundo de mi ser esta certidumbre; terminaría nuestra hermandad, en una desgracia». Cerré el sobre… me subí a mi bicicleta y a toda velocidad, me dirigí al domicilio del Chango, para entregar mi misiva. Rápidamente me subí a mi velocípedo, dejando a la zaga… nuestra confraternidad. La turbación corría por mis venas, dilapidé, lo fastuoso que poseía… perjudicar por arbitrariedad… desaprovechar, lo que apenas emprendíamos… extraviarme; desentrañaba que la coronación, tan cerca de mis manos, se emancipó en un santiamén, en el acabamiento de mi tribulación. El Chango tal vez leía mi epístola, que cobardemente abandoné… y huir medrosamente de la escena del crimen… ¡no merecía su simpatía! Resiento el compadecer; rogando por una absolución… el indulto del Chango… imploraba una amnistía… una remisión, por haberme amartelado. Rememoro, que no pude dormitar ni un instante y al día siguiente, al abrir los ojos, la angustia continuó creciendo y se potencio en la escuela; ¡no manches! No até cabos, que además de perder la amistad del Chango… tenía que soportar las amenazas, de mis prepotentes compañeros; que diariamente me amedrentaban con ser apaleado, afuera de la escuela. Ese día se proyectaba… en la peor jornada del año. Al terminar las clases, como de costumbre, me escondí con los otros niños de la ronda; en un salón u oficina de la dirección del colegio. A estos compañeros, que igualmente por ser unos nerds, sin privilegios económicos como tu Servidor, nos veían los despóticos… tiránicos… como blanco de burlas y carne de cañón, para el escarnio de su delectación diaria; goce supremo y única diligencia que tenían... ¡CLARO! Asistían al colegio, a la dura faena, de calentar sus pupitres, con sus nalgas de angelitos de papi; ya que sus estudios y calificaciones, estaban comprados y nosotros, los pobres desprotegidos, sin tener más opción, que la de escondernos al final de la jornada escolar, como refugiados, minoría y facción de otro país... en mi propia patria... ¡Qué melodrama! Teníamos que sortear la frontera, sin ser detectados por estos terroristas, entre el patio principal y la calle; donde nos recogían, para iniciar la ronda. No terminar golpeados, reitero, cuotidianamente en el estacionamiento, donde los choferes y guaruras esperaban, a estos hijos de políticos y de empresarios; muchos de ellos corruptos y comandados por el peor todos... ¡El VERDINEGRO!, así lo apodaban, a este bilioso tipejo, que se sentaba a un lado de mi pupitre; soportar sus amenazas, con su mala dicción, seseo de niño fresa; amedrentando, mi intento de aprender algo del material expuesto... predisponerlo así... sería lo menos que tenía aguantar, ese insoportable día de angustia; producto de la carta y confesión, entregada al Chango. Mi Mamá nos recogió ese mediodía, le tocó la ronda y después de sufrir el tráfico, al dejar a los otros jovenzuelos en sus casas, eventualmente, llegamos a la mansión. Comí sin decir una sola palabra. Ya me estaba cansado de explicarle a mi Mamá, lo que sucedía en la escuela; proyección de mis pesadillas y gritos por la culpa, de estos insidiosos chantajistas... de mi mal humor... de mi cabizbaja energía. Mezcalito, mis padres traducían a mi comportamiento, como un rechazo a la transición, que estábamos emprendido; entendían, que estaba desestimando una educación privada, en una de las conspicuas y más dispendiosas escuelas de México; estaba denegando, esta excepcional y portentosa propuesta que me facilitaban. Me interpelaban: que tenía y debía justipreciar el esfuerzo pecuniario, que estaban cristalizando, en vez, de estarme vaheando amargamente. No podían asentir... ni querían asimilar que mis clamores, de padecer hallarme constreñido, coaccionado y degradado, por esos escolares e inclusive, por los preceptores y eclesiásticos de la Legión... ¡ERA una REALIDAD! ¡SÍ! y aunque pareciera, una apoteosis de mi parte... un mal agradecido, como ellos me decían; puntualizaba, que mi único designio de simular mi estado de mártir abnegado, se basaba: en mi propuesta de cambiarme a otro colegio. Por supuesto que me encantaría, que me transfirieran a la escuela del Chango; donde ya de entrada, conviviría con infantas y mancebos por igual; ya que en mi instituto lo erigían, puros varones. ¡Qué turbación! Traslado que mis padres prohibieron. De ninguna manera, iban a costear esta sustitución más cara; ya que les había causado mucho esfuerzo, el que nos aceptaran como estudiantes a mi Hermano y a mí, en este liceo; teniendo como lema: "SEMPER ALTIUS". El punto final de sus consideraciones, se confirmaba para ellos, en que esta institución nos iba a forjar: "...una comprometida educación en la formación académica, espiritual y en valores; es decir en la formación integral". Indudablemente, alguna amiga de mi madre o colegas del trabajo de mi padre, les recomendó esta perversa organización; aclaro y desmitifico, que de ningún modo, los sacerdotes de esta congregación... conocidos vulgarmente como: "Los Millonarios de la Legión", me violento psicológicamente o se me insinuó, manoseó, sexualmente. Aunque reflexionándolo intrínsecamente... sin tapujos. ¡SÍ! se me acosó; en esas perenes confesiones hebdomadarias, que teníamos que consumar. Reconstruyo vivamente, que sin previo aviso un sacerdote, se me acercaba en pleno descanso para preguntarme, sobre el tiempo que había pasado, desde mi última confesión; cualquier respuesta o pretexto que les diera a estos párrocos, sobre todo a uno, que le llamaban "chispita"; porque era tan chiquito, que parecía una madrecita y emulaba al título, de una famosa telenovela mexicana; nunca capté la comparación... o no entendí. Fuera verdad o no, que me había confesado esa homófona semana; no me salvaba de pasar con él, a un salón de las instalaciones, para venerar la culpa, que me inoculaba este legionario. Me llenaba el alma, de la zozobra de ser condenado, mortalmente, por mis actos impuros. El estremecimiento a pudrirme y cariarme en las fauces de las tinieblas, me impulsaba a revelar con mucha ignominia y vilipendio, el haberme masturbado profusamente al regresar de la escuela; en el baño, la recámara y por supuesto... en la ventana de la sala. Es de pena ajena, mi Mezcalito. Esto de la masturbación... un tópico habitual en el recreo. Nos congregábamos un grupo de compañeros; algunos de la ronda, en los sanitarios del patio central, en un escondrijo, cerca de los excusados; estas peculiares letrinas, mingitorios y urinarios, estos retretes, soportaban unos andamios de construcción. En ese tiempo el instituto, apenas se terminaba de construir. A estos armazones los llamábamos... "Los Palos Calientes". Ahí y mientras comíamos el lunch, nos deleitábamos en departir, con lujo de detalle, nuestros onanismos cotidianos. La competencia y reto comenzaba, al comienzo del ciclo escolar. Teníamos que romper los récords anuales de dos categorías. La primera competencia radicaba en: la masturbación individual, es decir, la particular; que cada quien placiera en su baño, cama o donde la creatividad nos corriera... onda freestyle. Y la segunda correspondía a la grupal: en esta clasificación se sumaban los resultados, al final del año, de las masturbaciones personales; sacando y calando, si habíamos roto marcas grupales o particulares. No recuerdo que nos laureáramos; más bien solo concernía como terapia, contra la increpación que soportábamos, este selecto clan, de Los Palos Calientes. Así que esta pleitesía, mansedumbre y gleba de confesar nuestro único pecado mortal de la inmundicia, abusando, reglamentariamente de nuestro cuerpo; excitando a nuestros miembros amatorios para procurarnos, voluntariamente, el placer hasta el espasmo y tomando en cuenta, que el Catecismo de la Iglesia Católica, nos pormenorizaba que la masturbación es: "La excitación voluntaria de los órganos genitales, a fin de obtener un placer venéreo, incluso, sin llegar al orgasmo" y frente al hecho de que: amaba a Dios sobre todas las cosas, no nombraba a Dios en vano, santificaba sus fiestas, honraba a mi padre y a mi madre, no había matado, ni perpetrado un robo, ni mucho menos, daba falsos testimonios, ni codiciaba lo ajeno o me había acostado con la matrona de un pío; daba pie, a que nuestra crápula mortal, que ofendía mucho a Dios, pecado de lujuria y vicio contra la naturaleza de nuestra jovialidad; que correspondía a la ingenua hazaña de tocar y sobar nuestra anatomía, para descubrir nuestro cuerpo y su sensibilidad erótica; en conclusión y por dogma, les autorizaba la aquiescencia a los prestes, para dilucidar a detalle y vapulear estas praxis inmundas; categorizadas en la llamada... ¡afeminación! Obviamente, les sobrexcitaba y soliviantaba no perder ripio, explícitamente, del cómo nos jalábamos los badajos, falos, penes y príapos, hasta la eyaculación. Fuera de estas cíclicas confidencias y ¡claro!... de los retiros espirituales que duraban... un fin de semana. Tengo presente que se llevaban a cabo, en un complejo vacacional por Tepoztlán. Por las noches... al irnos a acostar en las cabañas... visualizo las literas... rememoro, la obscura sensación de sentir la presencia del abad, que nos velaba y asechaba... orando, con un susurro muy peculiar ante la luz de una vela; como arrullándonos, mientras nos dormíamos. Esta imagen, titilante, producto del fuego que fulgurante y esplendente, desfiguraba la presencia proterva de este clérigo... una mácula, sicalípticamente perturbadora de este presbítero rezando y por lo tanto, no dejándome descansar. ¡Es mero agiotaje! ¡No padecí importunación RIJOSA, en estos retraimientos místicos! Así que en carne propia... no soy testigo, ni tengo alegaciones lapidarias, del deprave epicúreo de esta secta. La pederastia de esta Legión, que ahora sabemos con hechos comprobados a través, de las denuncias legales de las víctimas, muchas de ellas, proles de padres famosos, empresarios y políticos... Mezcalito... te dejaré dudando... ya que pudieron ser los que me aterrorizaron e hicieron de mi vida escolar, el mismísimo averno. ¿Será el karma? La verdad... ahí sí, no me meto... ni entro en detalles, ya que estoy buscando el dharma. ¡Pero lo que me saca de QUICIO! Fue que mis padres, fueran obtusos ante este ambiente catastrófico. ¡Qué falta de perspicacia! Pues decidieron y optaron, el camino de la terapia psicológica, como alternativa, ante mi desesperación, morriña, lloriqueos y lamentos sin senda. ¡CÓMO PUEDE SER POSIBLE! Si mi Papá fue espectador, de un niño que me embarró, literalmente, un sope en la cara, al bajar del trasporte escolar; un batidillo de queso, frijol y crema. Mi papá, detuvo el camión y bajó al niño culpable, para que me pidiera perdón y luego lo reportó en la dirección; acción que determinó, la decisión de sacarme del servicio, por sospechar represalias y así iniciaron las odiosas rondas. ¡Hay numerosos ejemplos!: en otra ocasión llegué, totalmente empapado, porque me lanzaron con todo y mochila, en uniforme, a la alberca de la escuela de este colegio. ¡No puede ser!, que ante estos casos sintomáticos de intimidación, mis padres, solamente tuvieran la única opción de analizarlos, con la ayuda de un visón profesional y así fue como, me llevaron a mi primer terapia. Hago memoria, que el consultorio estaba dentro de una casa muy grande y vetusta, en Polanco, supongo, ya que convenía antigua, lujosa y tenía un gran jardín, donde esperé ser recibido. Fueron pocas las consultas y ahora sé, por los resultados de los estudios psicométricos que: mi carácter y tendencia mental, son extremadamente hipersensibles y con un gran potencial, para dedicarme a un área artística; ¡QUE CASUALIDAD! Reconstruyo que el doctor me certificó:

—Usted es como un Ferrari, superveloz, pero en vez de estarlo manejando a trecientos kilómetros por hora, lo conduces, a solo diez kilómetros por hora. Tienes que explotar todo tu potencial, sino lo haces, serás un desperdicio de tiempo y energía para ti y la de tus padres.

Salimos del consultorio, tu Servidor... con más apremio y zozobra; mis papás, sin una conclusión clarificadora, del porqué mi rechazo, tan eminente, por los alumnos de la escuela, que ellos habían elegido. Es nomotético de lo obtuso de su visión, lo apropiaron totalmente, como un acto personal... al igual que tu Servidor lo resentía. Y así fue, como dejé de expresar mi victimización en las comidas, cenas o reuniones familiares. ¡Ya estoy DISPARATANDO! Lo que quiero que quede muy límpido, en mi alcohólica cavilación es que, esa terrible tarde, que daba por hecho, que ya no tenía un mejor amigo y ya dispuesto a ver la televisión o a jugar con mi Hermano; iniciativa igualmente muy rara, ya que casi nunca lo hacíamos. Es que, no involucré a mi Hermano en este vínculo con el Chango y el Parque... y ¡claro!; esta fue la otra gran ¡pinche! contrariedad, que tuve con mis padres. Me presionaron muchísimo, para que persuadiera a mi Hermano, simpatizar con los otros muchachos en el Parque... y ¡Sí! lo procuré... y a esta intentona, no la valoraron; me tacharon de cruel y mal consanguíneo. Pero mi Hermano es así y lo respeto... es muy retraído... poco expresivo... viviendo siempre en su mundo interior. Parece incomprensible afrontar que, aun siendo el hijo de mis padres, poco se barrunta, de su estimar y raciocinar... esta apreciación, no es subjetiva, al contrario; mis papás, muchos años después lo comprobaron y aceptaron; me dieron el derecho al toparse, con la puntual frialdad y desconexión; ya sea, que estuvieran de viaje con él, en una reunión o por una simple llamada por teléfono. Mi Hermano siempre optó y ha votado, por el mutismo; por contestaciones monosilábicas e imperativas. Es casi incompatible mantener, una larga charla o introspección de su conducta o al entorno de su procedimiento; así que, si difícilmente controlaba mis ahogos, mucho menos lograba mediar, con la interpelación de estar pactando, que mi Hermano, se relacionara con mis amistades. Actualmente, esta disgregación es real y dolorosa. Crear un vínculo de confraternidad y fanatizo que no es tarde, para seguir intentándolo y emprenderé interpolar una afinidad, con mi amado Hermano y acordar, no digamos arreglar... porque la verdad, es que no estamos ni peleados; más bien, tendríamos que empezar a reconocernos por convicción y no por petición u obligación, que me instruyeran mis padres; que han preferido, delante de mucha gestión frustrada por juntarnos y conectarnos, dejar las cosas así como estamos... indiferentes; me atribula... AMO infinitamente a mi Hermano, pero alcoholizado, no puedo recapacitar; es parte de esta trasformación que tanto empeño aplico... por dejar a un lado a mi egolatría. Porque esa terrible tarde, que suponía, que ya no tenía el apego del Chango y dispuesto a jugar con mi Hermano; aceptando quedarme en casa eternamente, más allá del horizonte que tu Servidor, demandaba disfrutar;

escuché la resonancia de una moto... en la puerta de entrada de la construcción. Campaneó el timbrazo y mi Mamá gritó: «te buscaban». ¡Caes en la cuenta Mezcalito! El hado imperando... avasallando... tiranizando.... subyugando... ya que sino tocaban ese timbre... seguramente se reforzaría, mi afabilidad con mi Hermano. ¡No se puede descifrar! Pero lo que ¡SÍ SÉ!; es que sin vacilar, desplegué el portón y ahí estaba el Chango.

—¡Wey! Súbete. ¡Wey!, voy a enseñarte andar en esta moto de velocidades ¡Wey! —fue lo único que detalló.

Fui feliz. Pasé del infierno al edén y medito que al día de hoy, no ha mencionado la misiva; ni tu Servidor ha querido, cercanamente hacerlo y como refería mi abuela Rosa: «de lo sabido, por saberse, se calla». Por otra parte, desde que sucedió el acontecimiento de la esquela, su hermana, es una entrañable amiga. Me convertí en esa época, en un escucha de sus confidencias románticas; un mero observador de sus ensueños y esa dinámica nos funcionó. Empezamos a crecer los tres. El resueno de una moto se trasmutó, en la eufonía del motor de un automóvil. El Chango, menor de edad... catorce, tu Servidor quince; ya agenciaba tramitar su permiso para manejar y al obtenerlo su papá, lo habrá pensado un minuto y le condescendió, el auto que menos usaban sus hermanas o su madre.

—¡Deben estar locos! —dijo mi Mamá y en un déjà vu, de la noche que me reclamó lo idéntico, pero en esa ocasión, por querer poseer una motocicleta; me madre instó:

—Una moto es un riesgo, pero un coche, además de comprobar, que tienen mucho dinero los papas del Chango, del mismo modo, no tienen perspectiva del peligro, en el que se puede meter el Chango y los que estén con él, en ese carro — mi Mamá concluyó su sentencia.

—Y ¿qué? —le alegué.

—¡No seas grosero! A ti, se te prohíbe subirte a ese vehículo.

Su objeción, doblemente me retó. Si sorteé maniobrar una motocicleta, sin llamar la atención de mis padres; ahora iba a tener un automóvil a mi disposición y el beneficio, de que el Chango fuera mi mentor; que me enseñaría su técnica, parecida a la de un experto del volante. Mi instructor adepto al riesgo, me pondría a prueba, conduciendo acelerado por avenidas llenas de coches; rebasando de un carril a otro por el Periférico Sur, las calles del Pedregal, con la intrepidez, de no ir a ninguna comarca. Y concebir que también aprendí a conducir con el adiestramiento de mi padre es... un legado olímpico: el estilo del Chango basado en las carreras "competitivas"; en contraposición al proceder de mi Papá, de conducir con aplomo; con la máxima cardinal: de que invariablemente se está delante o anverso de otro conductor, que puede estar manejando imprudentemente; con la sensatez de que al hallarse al volante, es un suceso de sobrevivencia. El Chango entendía cabalmente, esta línea entre existir o ser un difunto, un cadáver... basándose únicamente en su confianza y en su intuición. Cualquier desidia a una celeridad, a ciento cincuenta kilómetros por hora, en cualquiera de los géneros: lanchas, jet-ski, motos, patinetas, bicicletas... me previno de: «sobrevivir, sin dudar, a la práctica inorgánica de la velocidad». Su enfoque de master me entrenó, elemental y primeramente, como su copiloto. Observaba, como

67

toda la realidad desaparecía, rápidamente, tras el retrovisor o los espejos laterales; ejecutaba paralelamente, prevenir al Chango de un posible error y aprender de su manejo; advertencias y enseñanzas, que me libraron de morir en siniestros casi fatales... espeluznante santiamén de sabiduría en la cual, la destrucción del automotor, es el rechinamiento de cristal y lámina explosionando; proyectados en un film por el raciocinio, de la totalidad de los sucesos vividos; estribando, en el valor del aprendizaje de estas dos metodologías... ya que no fallecí; protegiendo a los conductores de los otros vehículos y aplicando la destreza de maniobrar, a altas velocidades sin provocar, en mis subsecuentes accidentes, el menor daño posible; aunque de haber tomado las clases de mi papá con más seriedad... les hubiera evitado la angustia que padecieron, esas madrugadas al rescatarme en el lugar de los hechos. ¡ESTÚPIDO E INEXISTENTE HUBIERA! Confieso que, en mis dos colisiones de pérdidas totales... estaba ebrio... ¡Mezcalito! Visualiza, gracias a Dios, que ninguno de los terceros involucrados, salió remotamente lastimado. ¡DIOS dame tu indulto! Me atormenta ese hubiera hipotético... ¡estamos VIVOS!... con una culpa de la chingada, pero de pie para contártelo. Concientizas, que gozas de tus ángeles... confía en ellos...por otra parte, ya te conoces manejando prudentemente y jamás, en estado inconveniente y si lo has estado... pides un taxi. Pues ¡SÍ!; mínimamente aprendí la lección, literalmente con sangre; porque me rompí en esos choques... la nariz y las costillas; tengo una cicatriz en la parte trasera de mi cabeza y otras no menores lesiones en las rodillas, pies y espalda. La primer y no menor catástrofe, aconteció en un eje vial... ¡exacto!... arruiné un golf rojo al chocar, contra un tráiler que se pasó una intermitente amarilla; estampándome en las llantas delanteras del contenedor y parándome en seco; de colisionar entre los dos ejes de esta área de carga, habría quedado degollado. Arribaron las patrullas y mi padre acordó con el chofer, arreglarlo con los seguros. Regresando a la mansión en gris y al estarme bañando; esclarezco, que por la tremenda contusión; perdí la sensibilidad del cerebelo, en la parte izquierda trasera como… seis meses. Al pasar mi dedo índice por esta región craneal percibí, que penetraba el cuero cabelludo, sacando harto plasma; llamé tranquilamente a Mamá y al ver mi herida vociferó alarmada: «sécate y vístete; nos vámonos al hospital». En urgencias me sacaron una tomografía… no tenía daño cerebral y suturaron con diez puntadas. Al llegar mi Papá al hospital y después de hablar con el doctor, me preguntó: «si quería seguir con el plan de ir a la Feria Mundial de Sevilla de 1992». Afirmé que sí, moviendo sutilmente la cabeza; deduje que lo cancelaría y me castigaría. Me dieron de alta como las 4:00 am; fuimos por las maletas, previamente hechas; nótese que este viaje estaba prepagado y con ese espíritu aventurero de mi papá, nos subimos al avión; a la mitad del vuelo, empezó a sangrar la herida y una aeromoza, nerviosamente, ayudó a mi Papá a limpiar y vendar la herida. No podía creer que estuviéramos viajando y cruzando el charco. Esas dos semanas en Europa, nos la pasamos, inefablemente dichosos. Mezcalito… paradójicamente, terminé odiando la velocidad y detestando, a esos cromañones que proclaman las calles suyas y las usan, como lo practicábamos, en pistas de carreras. ¡No ampara, ABSOLUTAMENTE, mi IMPRUDENCIA! En el subsiguiente atolladero, pulvericé mi vocho rojo, rompiéndome las costillas, en la carretera federal a Cuernavaca en Parres. Ya deja de atormentarte. Exorciza al demonio etílico con la trocha de la anagnórisis y la catarsis. ¡SUPERVIVIENTE! ¿Cuál es mi MISIÓN… por qué consto en esta dimensión? El resquicio de yacer bajo tierra, por menos, el humano espira en la bañera.

Por el maldito Alcohol me operaron, a muy temprana edad, a mis veinte años, de una hernia hiatal incompetente… ¡EL INCOMPETENTE SOY YO! Ulteriormente, a mis cuarenta y tres años, la destilación, me ocasionó una fístula anal. Se me infectó la piel entre el ano y la nalga… sino me operan de emergencia recalco… estribaría ¡SIX FEET UNDER! Pero la tediosa, repetitiva y aburrida… cura de la cruda. La metódica compra de sueros tomados e intravenosos; pastillas contra el vómito, antibióticos, suplementos alimenticios, paracetamol, relajantes e irremediable… internarme en policlínicas. Mi Mezcalito, en esta introversión mi organismo, asume retener en su recordación, lo que estoy tolerando. Dogmatizo la retentiva, estúpida añagaza… superchería… engañifa… embuste; de que si tomo Alcohol, lo voy a gobernar, ¡Puras MAMADAS COGITABUNDAS! Lo ruego… imploro… depreco, recapitulo con poderío; morrocotudamente caigo en cabalidad, que el noviciado de mi alcoholismo, deviene a mi acostumbré, de no limitarme. Empezaré a poner estrictos lindantes; fronteras protegidas contra los demonios etílicos, de cero tolerancia al Alcohol. Un paradigma de limítrofes, aun sea superfluo. Una frustrante insignificancia, mi Mezcalito, consistía en: si el Chango se daba la suntuosidad, de enchular su automotor… ¡es su prerrogativa! Le instalaba un supersistema de eufonía, llantas deportivas de bajo perfil, le ajustaba el motor y lo achaparra; en suma, lo disfrutaba unos septenarios y la dedicación empleada se anonadaba, cuando su padre lo vendía; le compraban otra nave y arrancaba el ceremonial de personalizarlo; con una manía, de que quedara prócer que el preconcebido.

—¡Eso es tener dinero! —continuaba mi madre, sin dar el brazo a torcer, desaprobando el usufructo y la holgura que se conseguían dar, sin miramientos, la familia del Chango. Otro patrón, si me sigues mi Mezcalito constó: en el viaje a la ciudad Laredo Texas. Mis padres invitaron al Chango, para comprarnos unos autoestéreos, altavoces, amplificadores y ecualizadores a un considerable coste y a la par, adquirir ropa de marca en rebaja, en los malls estadunidenses. Propósitos, destinos y turismos que anualmente, ostentábamos compartir en familia. Hago un paréntesis, sobre otra exención que nos regalaba, con inconmensurable fervor mi Papá, al llevarnos a los parques temáticos de Florida y Orlando; viajes a Estados Unidos, que evoco con goce y alegría; sin comparación, con las demarcaciones de nuestra fortuna, frente a los sin fines, de la parentela del Chango, que viajaban anualmente a New york o Europa. La mañana, que fuimos a comprar los accesorios para nuestras naves, el Chango, escogió y pagó en efectivo, un moderno y caro dispositivo, mi padre, fríamente me hizo procesar que optara, por el que estaba de rebaja; lo que ocasionó, un ciclópeo arrebato, en la parte exterior del establecimiento, con mi papá especificándome: «que parcamente le alcanzaba, para pagar ese componente». Mi fiasco continuó, retornando a México por carretera y para reconciliarnos mi Papá, me dejó manejar la ruta, de Matehuala a San Luis Potosí, interminable recta, digamos fácil de manejar. Acepté de mala gana, nótese, que la presión de mis dos tutores me tenía muy tenso. Todo iba viento en popa; por santiamenes, se me procuraban indicaciones y una considerablemente puntual, vino de mi copiloto, mi padre, que avistó a la distancia una enorme roca, a la mitad del camino, en dirección a nosotros advirtiendo... que tenía que salirme un poco, al carril contrario, para evadir este obstáculo; exhortación, que no pude percibir y conduje, derechito a este pedrusco; de suerte, seguí manejando sin perder el control y unos cuanto metros adelante, mi copiloto se percató, que se había ponchado un neumático; muy enojado señaló, que me orillara al acotamiento de la carretera, que pusiera las hazard y dejara el asiento del piolo. Por la pericia del Chango, que muy apenado, guardaba disimulo, para no empeorar la cosa y entendía, que fue la presión, la que me desconcentró y ensordeció, para reaccionar ante la prevención de mi padre; cambió la llanta dinámicamente y reanudamos nuestro rumbo en silencio y sin música; pero con mi papá al volante. ¡Qué resentimientos mi Mezcalito! Para terminar de apuntar, lo distraído que he sido, mi Papá me llevo a nadar a un hotel en Cocoyoc; me aplicó bloqueador protección 100+ , infló el flotador tipo neumático, que coincidencia, lo aseguro a mi cuerpecito enclenque y me instruyó, para que me echara un clavado; algún procedimiento no atendí y al lanzarme al vacío, levanté las dos brazos y al entrar al agua, me fui directo, pasando por la dona, al fondo de la alberca; no entré en pánico al tocar el fondo y al ver la escalera, escalé por ella, juntamente al chapuzón de mi papá, que alarmado, fue a mi rescate; emergió para inspirar oxígeno y al sumergirse, para seguir mi búsqueda, percato, que lo veía desde la orilla de la piscina, carcajeándome de susto. Proseguimos nadando, sin dejarnos de reír, reconstruyendo mi estupidez. Mi Papá subraya la bendición, que me ha protegido de tantos designios de muerte y me hace presente, su misión que Dios le otorgó. Una de las comprobaciones y confirmaciones sucedió, en un formidable campamento que disfrutamos con sus compañeros de trabajo, en la playa de Casitas en Veracruz. Regresando a la ciudad, nos detuvimos a comer; el restaurante estaba en la playa y al terminar los exquisitos filetes de pescado, nos metimos al mar para refrescarnos y continuar el recorrido. Mi Papá llevaba las llaves del coche, en una bolsita del traje de baño y al olvidar dejarlas en la toalla y zambullirse en las olas reparo, que ya no las traía; las buscamos por un largo rato, buceando entre la espuma y la arena. Concientizó, que no las encontraríamos y sin neurosis, ni preocupación de regresar a la ciudad, decidió que nos quedáramos la noche, en el hotelito de este restaurante; para ir por la mañana al cerrajero y continuar con nuestro regreso. Maravillados contemplamos el multicolorido ángelus y nos fuimos a dormir. Al amanecer mi Papá me despertó y me propuso caminar por la playa; esta clarividencia... adivinación... corazonada... inspiración... concepción... de exactamente encontrarnos en ese instantáneo minuto endiosados... arrebatados... hechizados... absorbidos padre e hijo, por la caleidoscópica aurora... mi Papá advirtió en la lejanía a un pescador y me convocó, que corriera para preguntarle qué estaba pescando; llegué con este señor y antes de indagar e inquirir... saco la llaves que extraviamos y grite extremadamente sobreexcitado a mi padre... revelación... manifestación y develamiento, que puntualiza lo espiritual y bondadosa que ha sida la protección divina en nuestras existencias. En inferencia... es apremiante, que construya demarcatorios, para ceñir mi templanza. Todo lo que mi parentela me proclamaba, lo emprendí a ignorar, a no corresponder, a tomármelo a pecho y sin resentimiento entablé una planificación. ¿Cómo ausentarme de mi hogar? No estaba tan complicado. Mi éxodo tuvo designo, a unas cuantas cuadras de mi domicilio. Recorrería las fronteras del simulacro a mi ventura, cosmos y quimera, de ser el habitante de otra fracción del orbe. Un héroe que sueña un planeta, un asteroide, que no es hostil y es un fogón. Sin dubitación accioné mi ardid. Llegaba a la mansión en obra gris, después de la escuela; comía lo necesario, sin que se diera cuanta mi madre, de que permanecía con gazuza; ejercía raudamente mi ilustración, pacto, para poder emigrar. trepaba la bicicleta y con una apetencia de los mil demontre, me encauzaba al albergue familiar del Chango. Como ellos comían posterior a nosotros; arribaba conveniente, para el agasajo de sentarme en su mesa y de buen agrado, le aceptaba la invitación a su madre. La cantidad no le afectaba; tal formulan: en donde mastican siete, paladean ocho y en eventualidades, hasta diez u once; cuando se mancomunaban los invitados de sus hermanas. Su madre sospechaba, que me volvía a nutrir, lo cual no le incumbía, al inverso, se conmovía, que le chuleara sus deliciosos platillos, que cocinaba cuotidianamente. Nos deleitaba con sus suculentas enchiladas verdes o suizas, sus sopas y arroces con aguacate, un festín culinario, dejándome ahíto de contentamiento. Revivo con hedonismo, disfrutando los postres, las deliciosas sobre mesas que consumábamos; ociosidad, en el que se vinculaban, todos los chismes de sus hermanas y amigas. Aprovechaba no perder ripio, de los prospectos para pretendientes o sus ulteriores rompimientos; futuras conmemoraciones importantes y sus fechas, con los galanes de moda, del contorno social del hi light del reino del Pedregal. Y a la sazón... prorrumpió mí fanatismo, por las notas rosas y el ateneo. Por esta cualidad, me queda como anillo al dedo, el patronímico que me pusieron... ¡pinches cabrones! Emulando a la conductora de un programa celebérrimo, de comidillas de la farándula: "El Chapoy, perennemente con las noticias recientes y frescas del entretenimiento"... de risa loca. Al extremado de que en los celebérrimos cenáculos, se han reprimido de ratificar un secreto o delación, denotando que: «estoy armado y listo con mi imaginaria ¡palm!, para apostillar los acontecimientos de mis celebres coadjutores; con la finalidad de ventilarlos, según ellos, en un ensayo o en camarines». ¡Exageran! Pero favorablemente curioseaban, con quién se acostaba fulanita o fulanito; si era lesbiana, buga o gay, si ya le habían dado el papel a ese interprete o si la temporada de tal obra fracaso; no seamos gazmoños, gozamos comadrear... no se profesen los mustios. Terminando estos ágapes, con los comensales de la parentela del Chango, se retiraban a estudiar; mientras los aguardaba en la salita, característicamente dedicada a los invitados y pretendientes, para prorrogar la presencia de cierto miembro del clan; que estudiaba en otro cuarto acondicionado con escritorios, pizarrón, máquinas de escribir eléctricas, etcétera. Lo indispensable, para su fomentación cultural. Incuestionablemente cumplíamos con las tareas; estudiábamos para los exámenes mensuales y anuales, en general, teníamos buenas calificaciones. Al termino de sus labores, acompañaba al Chango a su recinto, nos cepillábamos los dientes y él, se cambiaba el uniforme y salíamos a la cochera, a dar mantenimiento a su moto, la bicicleta y a lavar los coches; para que sin tardanza, arrancáramos el recorrido en motocicleta, por las arterias de la colonia; teniendo al Parque como base, para el encontronazo con los otros cófrades. El inconveniente de tanto pasatiempo, orilló al fastidio, de algunos constituyentes de esta notable caterva y se potenciaba, alarmantemente, en los veraneos. El hastío causó el inventar travesuras y estas diabluras, franquearon a barrabasadas. Me da un oprobio considerar... no pecar de desconocimiento, que lanzaban piedras a los vidrios de los camiones que transitaban, en un puente del periférico; vivencio el atender su planeación, de la estúpida jactancia que no consumaron, ansío corroborar, de plantar cohetes en los basureros del Centro Comercial; nos narraban, que hurtaban dulces y juguetes... nos pormenorizaban agitados, al Chango y a mí; viéndonos que no arbitrábamos el involucrarnos en sus fechorías. Posteriormente al Chango, le dieron su automóvil y se agrupó con los chamacos, que en este tenor, ya les facilitaban los suyos; para hacer drifting en el estacionamiento de este complejo comercial y llamar la diligencia de la seguridad interna y privada, la cual lentamente, los perseguía en sus patrullas, hasta los límites del aparcamiento. Estas pericias me las rememoraba emocionado el Chango e indudablemente, repudiaba acompañarlo de su copiloto. Al obscurecer de estos veranos, me reagrupaba en el Parque con el Chango y los otros disidentes de esta tropa de malhechores, para las juntas informativas; enterándome de sus desagradables actividades, que nos contaban con engreimiento: «empapamos a inocentes peatones que aguardaban bajo la lluvia, en la parada de los peseros, transitando a toda velocidad, sobre un charco cercano a este paradero». También servía este plantel de logística, para arreglar combates de box y peligrosas persecuciones, por las avenidas del sur; apropiándolas de su autódromo callejero o rutero. Actividades inmorales, salvándose de ventanearse, por estas personas afectadas y mojadas, por las aguas sucias de estas charcas. Que sin "media social", su despotismo, episódicamente los favorecía, de que una persona con una cámara, los virilizara... y de haber poseído un celular en mis periodos de secundaria, denunciaría, el terrible bullying al que fui sometido y otra bienandanza... existiría en mi actualidad. Virilizar es la nueva herramienta, que rectifica a la civilización; asentando en tela de cordura, al México corrupto, de muchedumbre sin escrúpulos éticos, ni didáctica deontológica. La táctica de esta gentuza de la cofradía del Parque, comparada con la perplejidad de la instrucción, con los valores, usos y costumbres del pueblo mexicano; confluye en la directriz de una patria reducida, a una casta ¡vale madres! Los estatutos y legislaciones, ¡Los franqueamos por el ARCO DEL LAUREL! Con la escueta indagación, de cómo se desempeña el servicio público, en taxis, microbuses, el metro; se comprueba la norma y su excepción, del equivocado canon de los mexicanos; patentizando que los choferes de las unidades y policías, en ecuménico, desconocen el reglamento de tránsito y sin este previo discernimiento para sancionar, no se puede reformar una digna prestación al cliente, que habitualmente arriesga su supervivencia por necesidad; excusándose de sus infracciones, al no tener otra alternativa monetaria, que la de cochero o gendarme; ni una sinecura abundante en salud o estudio; primitiva aspiración de unos bebes sin planeación de un ahorro, para fomentar una erudición universitaria, que les garantice un microscópico acervo; dividendo, de ufanarse una profesionalización. Asumamos como mexicanos, que nos honramos de serlo, diezmar la inopia pedagógica. Convendría halagadoramente, sucesiones comprometidas; ya que es perturbador, el hipotético control de natalidad, ¡por Dios!; embarazadas a partir de los 15 años o precedentemente. Concienticemos a los progenitores de este fastuoso país; que el axioma a sojuzgar, es la contingencia de asegurar a los no nacidos, estudios universitarios y mejor aún... a un nivel de doctorado. Me contemplo debrayando con otra voz, que me habla desde su hablar... un apólogo estúpidamente novelesco... quién soy para aleccionar, a estos servidores públicos que luchan inmarcesiblemente, contra la horripilante polución concurriendo en el planeta tierra y soportando el desquicio, de una metrópoli psicótica. ¡ESTAMOS LOCOS! Manejamos en un tráfico infernal, ocasionando accidentes estúpidos y en el caso de los ruleteros, para incrementar unos cuantos pesos extra a su cuota, que corrientemente compelen saldar; compitiendo los ruteros, unos contra otros, multiplicando los tapones de incluso tres carriles; con el colofón de vocear, lo chingones que son y los automovilistas, de equivalente comportamiento y homónima esquizofrenia, participamos en las tretas de bloquearnos el carril, sin respetar las señalizaciones. Aventamos el vehículo a transeúntes y ciclistas; con el arbitrio de llegar rápido y puntual al trabajo y de tornada a la vivienda. ¡Nos hacemos pendejos! Y es, porque de ¡huevos!, nos quedamos un ratito, unos instantes en la cama, en la regadera o desayunando; vemos el reloj… ¡carajo!, ya es tardísimo, ¡no manches!, salimos como pedos tocando el claxon e increpando majaderías; prorrateamos irresponsablemente el tiempo que perdimos, por no calcular el rango suficiente que sabemos y debemos medir, para llegar con puntualidad a nuestros compromisos. ¡No manchen! Encabrona… que presumamos nuestra chingona mierda. ¡Viva México cabrones! ¡Nos las domamos, a todas las razones! ¡Nos la pelan! Somos el conjunto, de la mismísima mediocridad mexicana. ¡Estúpida usanza! Desorden mental, provecho de políticas inertes, de este caótico y peligroso pueblo, comportándose, con caudillaje cívico. La hegemonía aplicada por la gavilla del Parque, al agraciar cuantioso patrimonio, que entreveía al dinero, como el monarca de la sociedad; Mezcalito, ni adyacentemente estuvieron castigados por sus padres o judicialmente, por las calamidades de rebeldía snob, cometidas a modo de pandilla de barbilampiños; asimismo los detuvieran manejando ebrios o madreándose al talante del "llanero solitario", contra los inválidos ciudadanos; perenemente la mordida, los sacaba de la complicación. Manifiesto no confirmar, que en estos incidentes los implicados, resultaron lesionados físicamente; sin embargo es indiscutible, que salieron psicológicamente dañados. Experimento un apocamiento ajeno… ¡asco! Debí separarme del clan de estos imberbes del Parque… no lo efectué… sucumbía mi pusilanimidad… una verdadera marica; atestiguando esta característica contextura mexicana, de impunidad clasista, derrotando beligerantemente a sus víctimas. Especulo mi abatimiento para socializar y adaptarme al entorno sociocultural... ya de puro quitapesares y meditando en el inmortal aforismo de Blake: "El camino del exceso lleva al palacio de la sabiduría", opté caminar este sendero de galimatías... estoy disoluto Mezcalito... ¿soportaste enormemente mi guerrero? Pues sí... y al hartarnos de estos elementales pazguatos machines... decidió el Chango y por supuesto lo secunde... alejarnos de esta toxica pandilla y partir, con el anhelo de conocer novel banda; sobre todo, para codearnos e intimar con mujeres. ¡Y ASÍ FUE! Una tarde, paseando con el Chango en su coche, se nos antojaron los dulces de una papelería muy famosa del Pedregal; deliciosas golosinas mexicanas e importadas. Al entrar a la papelería vi que el Chango, se ponía muy nervioso y alterado... salimos de este negocio y me expresó:

—¡WEY!, ahí está la niña que te conté. ¡WEY! ¡WEY!, está hermosísima ¡WEY! y trae a todos enamorados ¡WEY! y de perros tras sus huesos; ¡WEY!, ella estudia conmigo ¡WEY! ve a verla ¡WEY!

Regresé a la papelería y la percaté. Un relámpago... un fuerte shock, revoló mi plexo solar. Las cursis mariposas revolotearon en el buche... vértigo de caída libre... la admiré hermosísima... el Chango no exageraba. Cualquier reconcomio por su hermana, se borraba inmediatamente... ansiaba que mi aflicción emigrara de mis entrañas. En una centésima de segundo, dirimí de cavilar a su hermana... el milagro aconteció. Divisé a esta chica de la papelería... su preciosidad entró, como un rayo centellante, hasta el tuétano de mi ser. Al posterior día y todo el setenario que entraba, fuimos a la papelería para reencontrarla y sin lograrlo, cambiamos de estrategia. El Chango después de clases entrenaba futbol; llegaba a mi casa, comía rápidamente y a continuación, de mi madre citando su usual y reiterado parlamento:

—¿Ya te vas de nuevo? ¿No te gusta estar con nosotros? Por lo menos, deberías incluir a tu Hermano.

No le replicaba. Hacia mi tarea y me encaminaba en bicicleta para espectar a mi mejor amigo entrenar; evidentemente esperábamos, que la primorosa niña de la papelería, estuviera por ahí, cerca de la canchas, en una actividad extracurricular. La suerte nos favoreció... participaba en el cheerleading de su equipo. La eventualidad de conocer a la porrista que daba vueltas por el aire, adiestrando sus rutinas coreográficas... girando espectacular y simultáneamente en mi monomanía, de compenetrarme en su acrobacia... desanudó lo revuelto, confuso y distorsionado del anteayer, con la hermana del Chango... en un flic flac, la predestinación pilotaba con trayectoria, a un cristalino y atroz designio, ejecutando espirales de acometida pasional, en la seducción dancística de cada pirueta, de la agraciada porrista que admiraba desde las gradas. Pasaban los entrenamientos y cruzaba los dedos con la expectación, que la Porrista, se pusiera en el campo a ensayar las porras, en esa minivestido tan sexy... mostrando sus atrayentes y largas piernas. Mi excesiva heroicidad de embelesarla, contraria a la peripecia de que para ella... ¡NO existía! ¡NO descollaba!; apeteciendo de estupefacción, me localizara sentadito en las bancas, mientras daba un triple salto mortal; mínimamente reconociéndome... como el conocido del Chango. Que me ubicara de su propincuo... me daba la esperanza e ímpeto de perpetuar, que se fijara en mí, atestiguando su volátil beldad en las ventoleras, de su artístico ballet. Y así pasaron varias representaciones impacientado, antes de la conciliación con la atractiva Porrista. Pasaron semanas... hasta que mi estoica disciplina, paciencia y perseverancia, bajo el astro y la tempestad... proporcionaron trascendencias. Mientras esperaba a que llegaran los jugadores el Chango, me cuestionó mis reconcomios:

—¿Te gusta bien cabrón la Porrista? ¡WEY! —le contesté abiertamente que sí; cosa que aproveché, viniendo del sinsabor represor... una reserva sagaz, por el enamoramiento de su hermana—. Pues tenemos que hacer algo ¡WEY!, para que la conozcas ¡WEY!, se me ocurre que organicemos una fiesta, ¡WEY!, ya va a ser mi cumpleaños, ¡WEY! y sabes, ¡WEY!, sería increíble que matáramos dos pájaros de un tiro, ¡WEY!, porque le quiero tirar la onda a su mejor amiga ¡WEY!, que está bien buena, ¡WEY!

La propuesta me pareció abstracta y descabellada; no poseíamos ni el remoto prototipo, de cómo producir un evento de tales magnitudes. Habíamos asistido a varias megafiestas en los jardines del Pedregal; que nos marcaban un referido y prontamente, al explicarme el Chango que su papa, disponía de un módulo de sonido de un restaurante, del que fue dueño; su oferta, acabó de cuadrarme, tanto así, que inauguramos un negocio de disc-jockeys, ¡qué!... de sonideros... y sin hesitación contrajimos de prestado, una tornamesa del estudio de su house y otra de la mía. Fuimos al Centro Histórico para comprar una mezcladora de discos y al mall... ¡MEGA FRESAS!; a feriarnos unos acetatos... soy de la vieja camada... de los vinilos que se rayan, rompen y se cuidan como joyas. Ocupamos un cuartito de servicio de su mansión, conectamos los componentes y dispositivos, a los puntos de conexión de los magnánimos altavoces, el amplificador, ecualizador y nos pusimos a mezclar; paralelamente grabando los reverenciados cassettes, que regalábamos o conseguimos vender, para que fueran escuchados a todo volumen, en los autoestéreos de nuestras amistades. En la apertura, ni concepción de la transa y avance de este business; pero practicando, logramos un nimio de destreza, para agendar las primeras tocadas contratadas. Sin presumir, mezclamos en dos o tres convites y finiquitamos la dizque corporación de entretenimiento. La chinga de ensamblar y cargar el equipamiento, agregando el reclamo inquebrantable de la parentela, por terminar de madrugada los festines, dieron pie a la clausura; no obstante, quedamos sutilmente orgullosos de conquistar nuestro cometido… irrumpimos mi Mezcalito, en la estratósfera de la dadivosa Porrista y su #BFF.

—¡Ok! ¡WEY! Ya somos unos chingones para organizar mi party, ¡WEY!; lo que tenemos que hacer, es escoger el salón ¡WEY! o jardín, ¡WEY! para unas quinientos weyes ¡WEY! Ya hablé con mi mamá ¡WEY! Y una de las opciones es mi club ¡WEY!; al que vamos en San Ángel ¡WEY! Tiene un salón de eventos ¡WEY! y mi papá es socio y parte del comité ¡WEY!, lo va a pedir muy fácilmente ¡WEY! Para la fecha exacta de mi cumple ¡WEY! Ya teniendo esto ¡WEY!, lo siguiente son las invitaciones ¡WEY! Hay que ponerle un nombre ¡WEY! pensé ¡WEY!, llamarla ¡Hawiian Punch! ¡WEY!

En aquella época, organizaban eventos temáticos en la calle de Agua; por lo tanto, no podíamos quedarnos debajo de ese estatus.

—¡Hawiian Punch! ¿Qué es eso? —le curioseé.

Y me enseñó el logotipo de un refresco gringo, bien chingón.

—Así que vamos a la imprenta ¡WEY!, para repartir los flyers ¡WEY!

Como de esperarse y viniendo del Chango megapopular; sus quince años fueron una rotunda glorificación y para tu servidor, sin temer, ni perder, conquisté bailar con mi platónica Porrista y el Chango, con su best friend. Se marcharon... ¡NO les requerimos sus números de teléfono!... grave resbalón de principiantes. Franquearon unas semanas de intentos fallidos de reconexión; en los torneos del Chango, afuera del gimnasio donde practicaban acrobacia... indudablemente... eventualmente, logramos que nos dieran sus dígitos telefónicos de sus casas. Imagínate un planeta sin celulares... sin su inteligencia... ostentar el código, para comunicarme con la Porrista... fue una palma épica y quedaba superar el filtro, del familiar que contestaría; contingencia que me ocasionaba un suplicio vislumbrar. Muchas veces permanecí estático... observando al aparato telefónico... imponente artefacto de color crema; con el garrafal receptor pegado al oído... atendiendo el tono de... bib/biiiiiii de cortado; volvía a poner el auricular en su descanso o con el dedo índice, presionaba los interruptores de gancho, para cerrar el circuito y levantar este armatroste o quitar el dedo, para obtener el tono de marcación y por último, repetir la marcación decádica. Ponía el dedillo en el hoyito de un dígito, sin girar el enorme disco de este artilugio, que llamábamos teléfono fijo; congelándome y consecuentemente... me retiraba a caminar sin orientación, por la minibiblioteca y oficina de la mansión tratando, de darme ánimo para remarcarle a la cachonda Porrista... diligencia que en la actualidad... ¡PINCHES MILLENNIALS o GENERACIÓN "Z"!; la tienen fácil, con la mentada inteligencia artificial, que los comunica ágilmente; desaprovechando los valores milenarios del romanticismo. ¡PINCHES CABRONES! Con una precisión del noventa y nueve por ciento, su llamada será contestada por ella o por él... para mí... ¡un romántico TERCO!; pertinaz hasta la contumaz... obsesivo compulsivo... sin lograr marcarle a la Porrista, que escribió su número en mi palm, que no lave por días, no estaba, ni cercanamente preparado para el siguiente nivel, de declararle mi ternura. Otra noche, en el cuarto del Chango; me quedé a dormir en su vivienda... le confesé: «mi imposibilidad de rotar el dial giratorio y si lo conseguía, le colgaba al que contestara». Permanecía atrapado en un laberinto, evitando salir devorado por el Minotauro.

—Yo te voy a ayudar ¡WEY!, a tener a tu cachonda Porrista ¡WEY!, como tu novia ¡WEY!, te lo prometo; tú ¡WEY!, te mereces lo mejor ¡WEY!, eres un niño muy buena onda ¡WEY!; con un alma increíble ¡WEY!

Y aconteció. El Chango cumplió su promesa, apoyándome hasta la saciedad... y no sé mi Mezcalito, como no se desesperó mi Porrista las siete ocasiones... ¡NO MANCHES!

"Esta constancia...
no es algo heroico...
es más bien algo enfermo..."

Expresa la letra de Cerati. Las ¡SIETE! oportunidades, que le declaré mi afecto a la Porrista... fueron ¡siete! encrucijadas, prorrumpiendo el: «¡NOOOOO!». Y ¡NO! es ¡NO! ¡CABRÓN! Negar una pinche cerveza, me fraguaría un linde... un vicio controlado. ¡NO! ingerir hasta el aturdimiento. Infortunada Porrista... me cae. Sobrellevar mi intransigencia, mientras el Chango calmaba mi desconsuelo... no obstante a él, igual de extrovertido; conquistar a su pretendiente le fue favorable. Pedísimos, le llevamos serenata a la ventana de la sweet BFF de la Porrista... factiblemente estaban en una pijamada... a los mariachis, los contrató el Chango, saliendo de una cantina de renombre en Garibaldi; botella en mano el Chango, cantaba desafinadísimo; evoco que se negaron asomarse a dar las gracias, ni para mentárnosla; lo que es certero de la BFF... sin el mínimo detalle de expresarle, aparentemente su disgusto por la romanza; jamás accedió, a las declaraciones del Chango; por lo menos a mí, se me otorgaron siete negaciones; la Porrista dispuso de esta cortesía y el Chango corroboró mi denigración. ¡SADOMASOQUISMO! o un idiota destructivo y cabezudo soy. Subscribo mi obcecación, vitoreando mis consagraciones, equivalentes, a los fracasos enfrentados. Eres un ¡Aries! en todo su esplendor... te admiro... no te das por vencido... lo dirás tú, Mezcalito. Con la Porrista, la discrepancia... moró en la envilecente experiencia; consecuencia de las siete flagelaciones... ya me acuerdo... la inaugural... ¡qué epigrama! Ese mediodía, andábamos en bicicleta cargando unas rosas rojas... toqué el timbre del catillo con aplomo y abrió la cachonda Porrista... su atavío dejaba expuestas sus rechonchas piernonas... el Chango se quedó afuera. Esta residencia estaba en Pedregal. Rememoro una pomposa mansión a un solo nivel; evoco entrar a esa sala, donde mi sexy Porrista rechazó mis intenciones, las siguientes seis veces. Se pasaba por un pasillo con canceles de vidrio, dando a un jardín con alberca; estoy excitado... en la antesala del salón del castillo, donde el antihéroe, presenciaría a su deliciosa princesa; ya en el salón del alcázar y posteriormente de platicar un ratito... casi en pleno suceso, de la primera tentativa de declaración... escuché un ruido... venía de un baúl situado en la esquina de la estancia... los dos, nos quedamos en mutis... a la Porrista, se le subió el rubor en sus mejillas y con timidez, desabrochó el cinturón del cofre y ahí... habitaba una persona... la Porrista sin dar explicaciones... seguramente, antes de que entrara a la antecámara y anteriormente, supongo... al otro pretendiente... mi divina Porrista escondió o le pidió, que se metiera en esta enorme arca... ¡NO MANCHES! Este admirador brincó del baúl, con cara de circunstancia; la Porrista le requirió que se retirara, con cierto subterfugio; presumo que no me encaró y desapareció; al permanecer estupefactos y sin pedirle una elucidación, del peregrino que irrumpió del arcón, tal conejo que aparece en el sombrero del mago; no reparé en esto y sin remordimiento, me precipite sin preámbulo y le pregunte:

—¿Quieres ser mi novia?

Y aplicándome la ley, de que a toda acción, precisa una reacción proporcionada, en sentido opuesto... respondió un categórico: «¡NO!». Trastornado... sin replicar... el silencio duro una perpetuidad y sin animación, petrificado en shock; mi Porrista, asumió la iniciativa, encaminándome, al portón del castillo. El Chango, me descubrió empalidecido y a mi Porrista con actitud de: «¡a mí, ni me veas, que yo no fui!»; se despedido de lejitos y atrancó el rastrillo de su fortaleza. Automáticamente y sin titubear le narré, del cortejador en el baúl.

—Este cabrón que viste salir de ese enorme baúl ¡WEY!, es el mejor amigo de mi primo el Alex ¡WEY!, le dicen Luisito

—dilucidó el Chango, reconociéndolo, al subirse en su furgón–. Esa camioneta, ¡wey!, no me equivoco ¡wey!, estoy seguro ¡wey!; nadie tiene una así ¡wey!, con esas rayas marino y tumba burro ¡wey! y ese rack con luces de alógeno, ¡wey!; es de este cabrón ¡WEY!, tu Porrista, ya le puso un nombre a esta camioneta ¡wey! ¡Cuca la Ranchera! ¡WEY! Es de este ¡wey! Tú, ¡wey!, no te preocupes ¡WEY! Tú ¡wey!, a lo tuyo ¡WEY!, que yo me encargo de él ¡WEY!

En esta trama de enredos con la arrebatadora Porrista; ¡Luisito!, tácitamente mi émulo y antípoda... ¡aguanta!... me ¡carcajeó! ¡Cómo nos meamos de la risa al recordarlo! ¡ESCONDIDO! ¡SOBRESALIENDO DE SU MADRIGUERA! ¡LUISITO! De corazón noble mi Mezcalito; semejante al del primo Alex... los cuatro, superado el asunto de la Porrista y su BFF; armamos un hato inseparable, ecuación perfecta de venideras andanzas... ¡Divago! Espera... ya subidos en las bicicletas, afuera del alcázar de la inalcanzable Porrista... me cayó el veinte... recibí el primer ¡NO!

—Le gustas ¡cabrón! ¡WEY! Yo lo sé ¡wey! Tarde o temprano, te va a decir que ¡sí! ¡WEY!

Un ¡SÍ! que jamás obtuve. El retroceso y desestimación... estímulo disparador de mis trasgos y quimeras... me atormentan, con la contumacia impertinente de mi obstinación; entendible tozudez, que alarmó en extremo a mi Porrista. Llegué a la extravagancia demencial... de la disparatada inferencia, al modo del joven Werther, de manifestar mis intríngulis; en un súper mercado, en el área de salchichas. ¡QUÉ PEDO! Esta chava, no granjeó predecir mi testarudo y obstinado romanticismo. La séptima y terminante postrimera proclamación de mi afección; la desdichada Porrista, no sorteo la penosa situación de negarme, por septentrional conveniencia, mi querer y corresponder, a mi acaramelado padecimiento, de mi vehemencia ardiendo por su persona. Valúo que pensó, que con el pretexto de ir de compras con el chofer, conseguiría rehuir mi atrevimiento. Lo adecuo circunspecto. ¡Inhala y exhala!¡NO soportas la negación! Has asimilado una fruición enfermiza. ¡El sello de tu comportamiento! Te rechazan y te alcoholizas. Es la rúbrica que te ha estampado, como un pánfilo sensiblero. ¡Te DESPERSONIFICAS! La imposibilidad activó el suplicio que disfruté; la Porrista al desestimarme, me ofrendó este embebecimiento. Hay cierta sabiduría, Mezcalito. Asemejé perentoriamente que: «"Life is difficult"». Pronunciamiento de Dalái Lama. ¿Existirá la total complacencia? ¿A Luisito, le dijeron que sí? ¡NOOOOOO! Los dos al experimentar el equidistante patético del deniego; llegamos a la correspondiente tramitación: si queríamos olvidar a la Porrista; apaleábamos expandirnos a desconocidos horizontes románticos. Emprendimos los cuatro, ir al cine, bailes… a comer tacos al pastor con piña y cerveza; en esta famosa taquería-bar. Éramos menores de edad, pero, no pedían identificación; ante tantas mesas, pidiendo a lo loco, el responsables de verificar nuestra edad, se fingía de la vista gorda y se metían una lanota. Los viernes, visitábamos este restaurante; el propósito estribaba en embriagarnos y armonizar, con las niñas fresas del Pedregal y sus alrededores. Tan popular esta taquería, que hacíamos cola para ingresar; actualmente es, una vil franquicia de centro comercial; en ese época en el "INN", acontecía la convivencia de los querubes ricachos del sur de la ciudad. Ahí se ligaba, se tomaba Alcohol ilegalmente y se jugaba, a poner retos y apuestas con las otros clientes.

¿Quién podía comer más tacos y cerveza? El perdedor pagaba todas las cuentas, de ¡TODAS! las mesas que competían; pocas ocasiones perdimos, ya que el Chango no comía; tragaba por lo menos, unos treinta de pastor por competencia; posteriormente nos arreglábamos, para empezar el vía crucis, de infiltrarnos a la acreditadísima discoteca; ¡el NEWS! Cuando lográbamos colarnos, CADENEROS !... que inalcanzables chavalas... y poseían lo último en Iluminación ¡profesional!; boquiabierto y deslumbrado, admiraba el rayo láser verde, que cruzaba entre nosotros... me enamoré. Ponderar lo que nos unió, a este conciliábulo, conformado por el Chango, el Alex, Luisito y tu Servidor, mi Mezcalito; tuvo muchísimo que ver con el, por poco, mortífero accidente en coche que vivimos. Lo evoco nítidamente; se desarrollaba el mundial de futbol 1986. La mascota... un chile verde con un sombrero de mariachi... el Pique... de pena ajena. Un mediodía, despúes del partido, México contra Bulgaria, en el estadio Azteca y haberles ganado a los búlgaros; de la pura emoción y para celebrar, el Chango agarró sin permiso las llaves, de un deslavado Japonés; dimos varias vueltas por la colonia y al aburrimos... se le ocurrió y se le hizo fácil al Chango, empezar a manejar en reversa. Entendamos que, manejar marcha atrás le quita al automóvil, un cincuenta por ciento de maniobrabilidad y seguridad; si le sumamos la alta velocidad se crea, ¡LA TORMENTA PERFECTA! Recorrimos del Parque, a mi mansión; este paseo, es plenamente recto... la Alborada o algo así se llama; alcanzamos la máxima velocidad y a la altura de la casa de un conocido... detalle Mezcalito, que esta residencia tenía un jardín, arquitectónicamente surrealista; su estructura y diseño se diferenciaba de las otras construcciones, por este vergel, unos metros abajo, de la Alborada; esta infraestructura era delimitada, por la avenida de la colonia...

la Alborada y un barranco que daba a la pista de tartán de la Villa Olímpica; complejo de viviendas que se construyeron en las olimpiadas de México, del año de 1968, para hospedar a los atletas; luego se vendieron, estos departamentos muy chidos, a los civiles mexicanos. Lo que quiero visualizarte, mi Mezcalito; es que su patio y terraza en cuestión... ocupaban un territorio aplanado, entre la calle y el barranco; así que cuando llegamos a la máxima aceleración, el Chango, perdió el control y derrapando en reversa... tomamos con orientación a este jardín y sobresalimos, literalmente, volando como los Dukes de Hazzard... por encima del vergel, a más o menos, tres o cuatro metros de altura; atravesando un árbol... que si no fuera por este forestal, muy grande, el cual, milagrosamente redujo la velocidad y línea horizontal en la que volábamos... da vértigo y se me enchina la piel... hubiéramos seguido la trayectoria de vuelo, directamente, a la pista de atletismo; la cual está, a unos quince metros de altura, entre este jardín y la pista de tartán, lo cual es evidente... que nos hubiéramos matado. El carromato quedó volteado... permanecemos patas pa arriba y en esos pocos segundos, que tuvimos de inconsciencia... de no saber dónde estábamos; irreal al recordarlo... agarramos la onda, de lo que había sucedido. Revisamos mentalmente nuestros cuerpos y verbalizamos, si estábamos heridos; el Chango sin vacilar, en un automático acto de sobrevivencia, desfondó el vidrio frontal para salir... desde adentro, empezamos a darnos cuenta, que solamente estábamos Luisito y tu Servidor... le gritamos al Chango, que su primo Alex, no estaba dentro del vehículo... lo empezó a buscar entre los matorrales, mientras nosotros, escapábamos por el parabrisas... ya en la desesperación, de no encontrarlo y cuando decidimos voltear el coche, aterrados de localizarlo prensado... escuchamos la voz del Alex, que histéricamente nos vociferaba:

—¡AQUÍ ESTOY PENDEJOS!

Exclamación que nos hizo mirar arriba, para descubrirlo, en una rama del árbol, que nos salvaguardó de morir. Empezó a mofarse de nosotros; una risa nerviosa, histérica de sobrevivencia nos contagió... nos carcajeamos... reíamos al percatar que vivíamos... ilesos... simultáneamente, entre el sonido de los jolgorios... oí en la distancia... los gritos de mi Mamá.

—¡Ya se MATARON! ¡Llamen una ambulancia! ¡Ayuda!

Ella, llegó al quicio de la Alborada y siguió histéricamente gritándonos... la advertíamos buscarnos... sin reparar, por lo frondoso del árbol que nos loó, un beneplácito de permanencia. ¡Pobre de mi mamá! Cuál fue su asombro al descubrirnos, exactamente, a la altura de sus pies; ya que trepábamos por el murallón volcánico, que daba al camino y al percatarse, de nuestras involuntarias burlas; fehacientemente paso de la turbación, a una bizarra exacerbación. ¡ESTABA ENCABRONADÍSIMA! Por sus baladros histéricos; salieron todos los vecinos, que nos preguntaban, si presentábamos contusiones o si requeríamos una ambulancia; nos revisaron y llegaron al colofón, de que no necesitábamos ir de urgencia a un hospital; mi Mamá, me condujo a la casa, asegurando y gritándome:

—¡Que ya lo había dicho! y ¡advertido! ¡Que era un peligro, que le dieran un vehículo al Chango!

Y antes de cerrar de un azotón la puerta... vi al Chango, protegiendo la rueda de refacción y su superestéreo; lo último que rescató, de esta pérdida total del automóvil. Recapitulo...

la estampa que tengo de esa vicisitud… del milagro… es al Chango rodando la rueda, con el radio en mano, en dirección a su palacete. Obviamente, en muchas pedas nos desternillamos exageradísimo, al imaginar al Chango, encarar a su madre, ordenando sus ideas… aterrorizado… Nos hemos chacoteado, de lo irrisorio que pudo estructurar, al elucidar el siniestro: «que lo insólito sin daños del Japonés, íntegramente destruido, es el neumático y el aparato radioquitapón».

—Mira mamá… sobrevivimos y rescaté la llanta y el estéreo.

Me colapso de risa. No todo es morriña en esta insufrible cruda. Que inconscientes… padres e hijos; nadie sale impune de este infortunio… un capítulo, que pudo ser fatídico. Un mes transitó y los involucrados… olvidamos el contratiempo. La incoherencia parental, confirma mi teoría, seudoconspirativa… sobre la índole privilegiada; reafirmando mi tesis: una semana después del incidente; nos entró el gusanito de viajar solos a la playa. Y sin conflicto, se arreglaron nuestras pendejadas, en esta burguesía, que sin castigo, premiaron al Chango, con un auto último modelo, recién sacado de la agencia, para la vacación. Ya habíamos viajado los cuatro; pero fue, con los papas de Luisito. Hago memoria, porque jamás, nos volvieron a invitar. La razón mi Mezcalito, es que agarramos tal nivel de borrachera… que el Chango de plano, se perdió por horas; entre la madrugada y el mediodía siguiente. EL despertar, nos preguntaron por el Chango y al no saber qué responder… entraron en pánico. ¿Dónde estaba?, de plano no nos acordábamos, dónde habíamos dejado al Chango y para ponerle el punto a la ¡I!; la hermana menor de Luisito… me vio mear, en una maceta, en la parte exterior de su cuarto del hotel; rotundamente estaban, lo que le sigue a encabronados. El Chango apareció quitado de la pena, mientras que el papá de Luisito, que en paz descanse, estuvo indagando por delegaciones y hospitales. A su regresó nos encontró, muy a gusto en la alberca; ¡ROJO y EMPUTADÍSIMO! Nos ordenó hacer las maletas, para inmediatamente regresar al Distrito Federal. Estábamos ¡tan crudos!, que en vez de agua, nos dio unas cervezas, entre ironía y piedad... lección y penitencia; nos asqueaba, el solo oler la cebada. Dimensiono la mortificación que sintieron, al sobrellevar nuestras barbaries. ¡Bola de PENDEJOS! ¡No aprendimos la lección! Así que esta travesía... ¡Sin adultos responsables!; puesto que nos dieron consentimiento... ¡NO PUEDE SER! Nos cedieron a la edad de quince años, retornar a nuestro amado Acapulco. Puerto y destino vacacional... alcohólico... nunca sexual. Llegamos a ir a otras playas... inclusive a mi nirvana. El piélago, ha sido un contexto y detonador de mi enfermedad. Porque en la ciudad, el bosque o en el Parque, tomábamos chelas los fines de semana y nos controlábamos... solo llegaban las vacaciones y se prendía la sed del Alcohol. Ese viaje a "Aca", así lo divulgan los fresas a Acapulco; la playa y pretexto para cumplir el espejismo de la autonomía, de chupar cerveza sin restricción; para el Chango, la emancipación de apalear a gringos, locales o chilangos... lo que se depusiera; para nosotros se trocaba, en la erótica especulación de intimar a chicas en las discotecas. ¡NI UNA CHAVA LIGAMOS! ¡Un falaz deseo! Aca se distinguía, de ser una playa clasista y popular; en la cual se ligaba a niñas bien, por un lado y por el otro, ostentaba el renombre de acceder, desembarazadamente al libídine; determinaba la accesibilidad para ligar gringas facilonas, que veíamos en topless y cogiendo sin tapujos, en los filmes norteamericanos de spring break... y se tornaba en ilusión, al estar beodos; éramos los dueños de la costa y placíamos derrochar en los antros de los ¡nacos!... el ¡BEACH! o al ¡BY`O!, ¡NEWS! ¡MAGIC!; con la gente pudiente... con los ¡MAMONES! El Chango, miembro de estos clubs, gozaba de prioridad en la cadena, otra patraña... ya que volvíamos al lugar común, de estar todas las noches, por horas deprecando al cadenero, que nos admitiera; consternado el Chango, le ofrendaba la acostumbrada comisión para entrar; superado este ritual, pedíamos la imperativa botella para ofrecernos, una mesa cerca de la pista. Ya estábamos muy pedales; llevábamos cheleando en la playa mediodía. ¡BORRACHOS PATÉTICOS!; de pena ajena... nadie nos pelaba... así que nuestra diversión, se transmutaba en calcular, las bateadas de las niñas guapas al sacarlas a bailar. Finalizábamos la faena, cuando el mesero nos veía casi dormidos... desmayados en los sillones... cobraba la cuenta... nos tranzaba con su irreverente propina y nos marchábamos a jetear, sin antes vomitar. Crudeando en la playa del hotel Plaza; el centro de reunión de los fresas del Distrito Federal; en la arena contemplando el oleaje y la brisa, con la chelera reventando de cervezas... sacábamos las estadísticas del bateado; disfrutando sensualmente del escarnio. Dimensionar la frustración... de esta sofisticación perversa; sin coger o con quién bailar, ya de perdida platicar... nos emborrachábamos del amanecer a la aurora... sin lástima ni gloria... así franquearon estas vacaciones. ¡DESPRECIO A LOS MILLENNIALS BORRACHOS EN MI OLIMPO! Diabólico Dorian Gray... arquetipo de mi pubertad. ¡TODO se manifiesta! ¡El rito dionisiaco! Mi inquina homérica . ¡El EXPULSADO! ¡Estúpida inocencia! Placimos del repudio, codiciando la popularidad de la vulgaridad. ¡FUCK! Perder la virginidad. ¡A los QUINCE AÑOS! ¡NO MAMAR! Me ha dolido hasta el ¡CULO! asumir, que mi físico, no es el de un galán de cine; paradójicamente, luego lo fui, ¡ok!, por el fenómeno de ser actor pero este status en Aca… escudriñaba lo normalito tirándole a feo, de mi anatomía; y ¡sí!, ante en el porvenir siendo un histrión, se transfiguro… es puro agio. Precedentemente el artista escénico, cargaba desde su infancia, esta inseguridad de mierda. Recapacito en la indagación de Freud: «…las primeras experiencias sexuales determinan y nos guían, para identificarnos como personas y cumplen con nuestras necesidades básicas de supervivencia». Esta camarilla de vírgenes, sustituyendo el sexo por Alcohol… otra ecuación perfecta, para el desastre de mi conducta; es un proceso lógico de mi proceder alcohólico. Analizo en Alberoni, que sabiamente hace la diferencia de: "estar enamorado, amar y tener sexo". Interesante distinción; nuestra condición de púberos, deseando tener sexo sin compromiso, concurrió con la acotación, de sustituir el enamoramiento, por la eminencia del compromiso. Saltarse esta etapa es aberrante; teníamos que conocer a unas muchachas y enamorarlas; ¡NO QUERER COGÉRNOSLAS! Patentizo y comparto la percepción que escarmentamos, de las usanzas del macho contra el feminismo. Inequívocamente las mujeres, están en su justa revolución contra el patriarcado; una guerra frontal, contra los uxoricidios y por supuesto, que las fundamento. Soy femenino, pero… ¡ASÍ NOS EDUCARON! ¡ESTAMOS JODIDOS! Éramos unos púberes, en el período de una apertura sexual sin referentes; sin un contexto, sexo educativo. Ambicionábamos iniciarnos sexualmente, por instinto animal… el espíritu carnal, una frugal probadita de lo criminal, que es ser un machín de mierda. Quiero aprender a amar. Te amas… compensa de tu mocedad, la abstinencia, que te ayudará a derrotar el pretérito que te forjó… que desgració a un gran caballero… demuéstratelo. Te embromarás del recapitular, paso a pasito, aquí y ahora, arrojándolo al firmamento de lo inerme… ¡expúlsalo! ¡NO REPETIRLO! Sin quedarme migrando violentamente flashbacks… en un collage… que psicodélicamente distorsiona mi apego al Chango; ciertamente, se contestaron mis inquietudes. Sé, que parecen anécdotas ingenuas de un adolescente y deduzco, ¡QUE CHINGADOS IMPORTA! Pormenorizar hasta el hartazgo, el periodo de la Porrista. Estimo radicalmente… intuyo: «Estoy retornando en remolinos… soy un ¡DYNAMO!»; parafraseando al espléndido Gustavito. En el "crush"… no hay reglas en la tregua, ni discerniendo al ¡NO!, que diariamente hay que evolucionar en un ¡SÍ! Dolorosa alineación; ya que sin los parámetros filosóficos del Chango, elevamos a la décima potencia, de que mi celestino se ausentó, para apoyarme en las últimas dos postreras insistencias, de que fuera mi pareja la Porrista…. porque… lo mandaron al parejo, de otros hijos de potentados al extranjero; para estudiar un idioma y alejarlo una temporada del regazo familiar; el Chango, escogió Irlanda. ¡A HUEVO! Luego entonces, forzosamente, comenzaría a interiorizar sin salvaguarda. Fue un retroceso, a mi raigón de inadaptado. La fundamental orfandad. El continuo emigrar, de la compañía del Chango, a mi solitario afligido; extrañando la inexistencia de la asistencia de mi Chango. Me costó sangre, disponer de un carnalito y con su expatriación, ya no abrigaba con quién charlar… travesear… colectivizar. La confabulación que descarté… anulé… rechacé, cuando asimilé, que estaba prendado de su hermana y ahí se fundó, nuestra camaradería. Ser nativo de un continente, que te acoge sin restricciones, ni demandas; leyes absurdas, de un ciudadano con derechos en esa comarca. La harmonía emigró a otra patria... me conmutaba alienígeno. ¡Deplorable! Estoy afligido. Legendaria melancolía, el destierro del Chango; informándome de su curso de inglés en Irlanda. Mi Porrista, cardinal pesquisa de mi identidad; su roll de la reafirmante; ratificaba con sus constantes ¡NOES!, mi culera falsedad, que yacía en la eventualidad de un solitario. Considerando mi hipocondría... ¡CARAJO! Aprobar mi peculiaridad y desertar el adolecer. ¡SOY UN RETRASADO EMOCIONAL! He superado inexorablemente sin enjuiciar al confrontar, a ese chico indefenso... marica... un nerd, en una nostalgia insondable. Queda permeado en mi ego... SER el eterno adolescente que adolece la ¡añoranza! Palabra nostálgica que calé en el aeropuerto; llorando con el Chango, entre la puerta de revisión y la sala de documentación; lo vi a los ojos... deploramos un elipsis... emprenderíamos... un inexplorado episodio.

—¡Escribamos cartas como locos! —especificó.

—Lo cumpliré —decreté.

Sus padres me retornaron a mi casa y cumpliendo mi promesa, le escribí toda la tarde y noche... y los siguientes meses; completando un año. Escépticos mis papás... inconcuso lo especularon... que estábamos enamorados... panegírico homofóbico, de mi inexistente homosexualidad. Inequívocamente... evidentemente... patentemente, lo han mal considerado; puesto que los artistas, generalizándolos, son un orbe de gays. ¡ME VALE! No soy sexista... ni racista... ni clasista. ¡No manches! Ocurrió que mi progenitora me negó que: «no podía organizar el cumpleaños de mi carnal actor». Ale, mi compañero de tablas, con el que triunfé; aclaro mi Mezcalito... que

Ale, el protagonista de esta obra, en la cual conocí el éxito mundial; le doy el crédito, de que gran parte de este prestigio, notoriedad, residía en la sublime y plausible, "Standing ovation", actuación e interpretación de Stephen Dedalus, de mi grandioso Ale. Al sugerir planificar su onomástico, pormenorizó mi madre: «que no podía usar la alberca»; piscina de un pinche departamento que compraron, posteriormente del berrinche de mi madre, al vender irresponsablemente, la mansión del Pedregal. ¡NO IMPORTA! Y sí Mezcalito… sin profundizar este argumento… me va dar un colapso o derrame cerebral… te cuento rápido que mi Mamá… después de casi cinco o seis… no sé exactamente; concurrieron varios años que mi Papá, con magna osadía finiquitó y evolucionó la mansión en gris, en una fastuosa arquitectura; un triunfo magnánimo de mi progenitor. Sus detalles de magnificencia: un jacuzzi, pisos y escaleras de madera y de parquet; colosales canceles de vidrio, sala, comedor con chimenea y una terraza cubierta; dos jardines, con supremo pasto y plantas con flores hermosísimas; una cochera para cuatro coches, con puerta eléctrica; imponente cocina, equipada con la última tecnología y lo imprescindible… para mi Hermano y para mí; nuestro baño… que te refresco Mezcalito, no tenía paredes, ya que su diseño en madera, al no tenerlas, nos incomodó muchísimo… verme cagar o viceversa… irrefutable… le pusieron sus canceles y espejos. Una inversión; que en la actualidad, seria multimillonaria. En el ocurrente desplante, amago de divorcio… mis padres siguen casados… mal vendió nuestro patrimonio. Ya lo tengo asumido y no hay ningún rencor con mi mami… la amo; pésimas decisiones y pasionales… cualesquiera las poseemos. ¿¡O no!? Pero al declararme, que no podía usar su pileta, ya que mi Ale infectaría el agua; mi Ale murió de SIDA…

¡YAAAAAA!¡MÁS IGNORANCIA NO SE PUEDE! Me alejé de mi Mamá, como un año y esto, Mezcalito, ¡NOOOOO me sirve! Me enloquece. ¡NOOOO!

—Es tu Mamá —me expuso mi Ale—; constata su exorbitante ineptitud y prejuicios —me calmó con su prudencia.

Esta ilustración inoculada por su madre... mi abuelita Chuy, la religiosa... la que acudía a la parroquia a pedirle a Dios, que le quitara la ebriedad a mi Tío... y le rogaba a ¡Jesús!, que le calmara la depresión a mi Tía; esta estructura de su pensamiento... respecto a un contexto primitivo del VIH en su entorno... para mi mami... concurrió lógicamente en su reacción; para mí... fue violenta... no conseguí comprender su preocupación, mi Mezcalito. ¡Exhala! Regresa al Chango... ¡por favor! ¡SÍ! En dónde me quedé... ¡claro! me encerraba en mi recinto, esperando una misiva del Chango.

—¿Regresó el cartero Mamá?

—¡Sí!, con otra carta —me respondía, con ese doble sentido, antes mencionado.

Me daba la epístola y me retiraba a mi aposento. La remembranza de esas esquelas... es que la neta, me hicieron fausto... divertidísimas. Gozábamos en la lejanía, a través de este medio de comunicación en extinción. El Chango, escribía a mano, con una ortografía, caligrafía y gramática de la chingada; que solo nosotros podíamos descifrar. Era deleitable de leer; el estilo bizarro de mi camarada. Así que, mi Mezcalito, voy a tratar de recordarlas, tal cual las escribió. Trata de imaginarlas, no como sonidos; sino imágenes de palabras y signos. Como si estuvieras, literalmente, leyéndolas. Lo que sí, mi Mezcalito... imagínatelas sin faltas de ortografía. Conmemoro... que empezaban con:

«¡Hola! Yo tampoco te pregunto cómo estás... porque ya sé que mejor y recuperándote bueno, como te he escrito en cartas anteriores... aquí no hay mucho que hacer, por eso yo no te mando un libro de mi historia, pero me encanta que tú me lo mandes bueno... sabes... me alegra que te haya gustado la tarjeta que le envié... ya que no fue fácil escogerla... bueno... sabes que para cuando te llegue esta carta ya habrá pasado el cumpleaños de la Porrista y te habrás dado cuenta, de que le mandé una tarjeta, bastante grande, para ser una niña, pero sabes, esta tarjeta se la mandé por ti... entonces le puedes decir que la mitad es de tu parte o si quieres toda... no te la creas... bueno sabes... no sabes, como me alegra el saber que estás mejor... sabes... hablé el otro día a México a tu casa, pero ya me enteré de que andabas de vago en Tequisquiapan, ¡claro!, recuerdo que en ese tiempo íbamos a esquiar a este lago y pagábamos el cover y consumo para entrar».

Paradójicamente mi Mezcalito, muchos años después el Chango, se hizo dueño de su hotel-club de esquí en este lago. Me da risa tener presente tantos... sabes... que utilizaba y seguía con sus:

«Bueno sabes, me empieza a gustar una niña que es española, pero lo único malo es, que se va en cuatro días, pero yo creo que le voy a escribir y ella a mí, bueno sabes, te doy gracias por tratar de conseguir la dirección de la niña que me gustaba antes de venir a Irlanda y no importa que no te la haya dado ella, ya que nada más le iba escribir por cuate, pero ella se lo pierde, me vi mamila bueno sabes, estoy también súper feliz por la forma en que reaccionaste supermaduro, no sabes cómo se nota en tu última carta, el cómo has madurado y crecido, bueno, para cuando te llegue esta carta te va a llegar una anterior, en la que te digo que tu Porrista, tenía toda la culpa y sabes, lo pienso, y en parte sí la tiene, pero no es tanto su culpa sino su edad, por que reaccionó como una niña de trece años, por eso no la culpo del todo, pero sabes, la culpa también es tuya, sin que te enojes, porque te encariñaste demasiado, pero bueno, sabes que me da emoción que hayan quedado como quedaron, mejor no podían quedar sabes, lo que dice mi otra carta, léela normal, no con mucho sentimiento, porque yo la escribí casi odiando a la Porrista, por lo que te había dicho, pero no olvides que Dios te recompensa tres veces el dolor que pasaste, bueno sabes, ahora me doy cuenta de que no estoy enamorado de su mejor amiga, ni de la otra niña que luego conocimos y que mi flirteo estuvo con, ya sabes quién, ya que estuve o estoy enamorado de ella, desde hace casi tres años, sin contar los de cuando era niño o sea en segundo o tercer grado; creo que es una niña que vale la pena, así digan los demás que no es una buena niña, la niña que te digo, que es la española, no es la misma que la del camión, porque ya me fijé y la del camión que nos lleva de la escuela a nuestras casas no está tan mal, pero ésta que te digo está mejor, te mandaría una foto, pero no tengo cámara, bueno sabes, no sé si ya te había platicado en cartas anteriores, que en mi salón, me tocó con el hijo de este político mexicano y que es bastante amanerado, pero me cae muy bien, ya te lo presentaré cuando regrese, bueno».

Y bueno y bueno y miles de buenos y así de confusas y absurdas, las correspondencias del Chango. Las mías, no se quedaban atrás; un chismerío de vecindad. Lo más rescatable y trascendental de esta relación epistolar y de la migración del Chango a Irlanda, es que en una de estas esquelas mencionó, que existía un grupo local llamado U2, grupo de rock, que empezaba a ser muy famoso. Me mandó un paquete con un cassette, original, de este grupo desconocido en estas latitudes latinoamericanas. Me explicaba que el éxito, hit, que estaba sonando fuerte en la radio, era una canción que se llamaba, Sunday Bloody Sunday. Puse este cassette, inédito, en mi estéreo y por precedente, escuché a este grupo. ¡APRECIABLEMENTE! me pareció extravagante. En otro escrito me contó, que asistió a un concierto de este grupo y compró el vinil de Rattle and Hum y finalmente documentó... ¡aquí lo INCREÍBLE e INIGUALABLE!; que un conocido irlandés, lo invitó a su casa a comer; al entrar a la sala... se encontró sentado en un sillón, tomándose una cerveza, al cantante Pual David Hewson. ¡NO MANCHES! Platicó, con el mismísimo intérprete de U2... como cualquier hijo de vecino y terminó este, "casual" encuentro, con su disco de vinil autografiado, por el astro del Rock, ¡BONO! Mucho tiempo después, U2, vino a México con su gira Zooropa, al palacio de los rebotes; disfruté extasiado, de la voz e interpretación del gran showman; del cantor que conoció el Chango, ese día, "casualmente", en la sala y en un sillón... tomándose una cerveza y con disco autografiado... en la casa de su amigo irlandés. La segunda y no menor experiencia, de espectar a Bono; aconteció con mi amada Hidalga... la gira ¡POPMART! ¡WOW! Fumamos mariguana en su auto, dividimos un micro punto de LSD... y nos metimos al Foro Sol. Alucinamos en muy buena onda, llorando, gritando y cantando... en la canción ¡ONE!, nos hicimos mi Hidalga y tu Servidor, telepáticamente... el AMOR. Y sé... mi Mezcalito...

que sin el lazo epistolar de compañerismo, fortalecido ese interminable año leyendo al Chango, mientras paralelamente, me rechazaba mi Porrista con sus constantes ¡NOES!; seguramente hubiera perdido el raciocinio, como le ocurrió a Macbeth: al asesinar al rey Duncan, que es la metáfora de matar a Dios; regresa con su Lady Macbeth y le amonesta enloquecido, que ve todas las cosas distorsionadas y sin irisación. Mi ego padeció y escarmentó mi asesinato, al destripar la codependencia con el Chango. Nacido indefenso, coexistiendo inmerso en mi horripilante pesadilla, nos transmutamos mártir y regicida; la circunspección se demarcó. Caminaba solo y no en solitario, habitando una eminente soledad sobrenatural, que acometía con voluntad y lo aprehendí... aunque... Mezcalito... como un mes antes del regreso del Chango, dejamos de escribirnos... ya que concluiría su cierre escolar, viajando por Europa con sus compañeros... y... ¡órale!; fue cuando mi papá me cumplió un sueño. Me presto un coche. Un Japonés color crema, igualito al que destrozamos en mi Alborada; aborrecía su color, sus rines de agencia y su radio cassette, Am-Fm. Le puse el estéreo y bocinas que me compró, en el viaje a Laredo. Le quité la placa trasera de su lugar y la coloqué en la defensa; le puse calcomanías de Surf, lo lavé y con un líquido especial, brillaron las llantas y me lancé, a las calles del Pedregal, con mis lentes fake de marca para manejarlo, según tu Servidor, a toda velocidad... ¡por supuesto! Con mi Nave semiarreglada, me atreví a llegar, sin vergüenza, a las tardeadas organizadas en la discoteca News del Pedregal. A esta disco, que apenas nos dejaban ingresar en el horario nocturno; Le agendaron esta modalidad para bailar... sin Alcohol. Evidentemente a Luisito, el Alex y tu Servidor, se nos apertura el ligar sin ser bateados, fuera de la cancha de este antro. En este contexto de menores de edad, tenía que facilitarse esta escaramuza. ¡Mezcalito! ¡Algo NUEVO para DELIBERAR! Estoy extenuado de juzgar... ya anocheció; los Millennials, ya le bajaron el volumen a su pinche escandaloso de reguetoneros de mierda. ¡Faltan unos segundos de abstinencia! Ya no tiemblo y el pinche calor... en este sudor frío, justiprecio, se normalizarán mis signos vitales. Tengo un poquito de hambre sin nauseas; no obstante... sigo atendiendo el hablar externo. Mi cerebro sigue hinchado... anda... rememora sobre esto ignorado que te acaeció. ¡Qué chido! Inédito... novel... refrescante... divergente, ¡ok!. Inmortalizo el crepúsculo vespertino de ese enigmático e inescrutable domingo, en la tardeada del News... caminaba alrededor de la pista... ¡qué asombrosa iluminación!... ingenuamente ochentera. La vi... te vi y como dice el poema del grandioso Fito:

Yo no buscaba a nadie...
y...
te vi.

La vi a lo lejos... su atractivo se mezclaba entre los polícromos beams, el láser y el efecto del humo; no era la Porrista, ¡Gracias Dios mío!; que indudablemente bailoteaba con el galán en boga. ¡En una pirueta interestelar... se desvaneció de mi despedazado corazón!, al descubrir a esta sibilina damisela... güera, de cuerpo delgado, con notorios y sobresalientes senos. La distinguía encandilando... patitieso; admitiendo mi efímera sapiencia, en la ciencia infusa de la persuasión y el estremecimiento me paralizó, en un rincón de la discoteca y de tanto esperar... el DJ, abrió el set de las calmaditas; cerraría el evento... a las 4:01 am. Miré el reloj y marcaban las 4:00.00.00 am. El tic-tac del reloj, me puntualizaba, que sino actuaba en un minuto, probablemente, no la conocería ¡JAMÁS! La temperatura aumento en mis sesos... mi presión arterial... distorsionó la efigie de la Güera seráfica. El ritmo de las tonadillas lentas me alteraron... en una inducción de cámara lenta. Mis introversiones, sofisticadamente desordenadas, conjeturaban, que creíblemente... me especificaría que ¡NO!... y el ensimismamiento se asentaba, en el apócrifo escenario de si la invitaba a bailar, en las canciones movidas, ¡ergo!... residiendo la zona del ritmo, de las melodías lentas y que solo bailaban los novios o las pirujas... ¡CARAJO! Prorrumpe ¡El MACHISMO! Discurrir el patriarcado, de apodar pirujas a las jovencitas que supuestamente, soliviantaban a un mancebo fresa, que se aprovecha bailando pagadito; cachondeando, fajando, toqueteando, satisfaciendo su reprimida sexualidad; al no poder hacerlo con su apretada y frígida novia... ¡niñas bien!, que le ponían este mote a estas chavas. ¡PINCHES RETRÓGRADAS! A mí por supuesto, me valía un ¡carajo!, si la Güera entraba en esta jerarquía o no... de estas jovencitas, que naturalmente querían danzar, sin ser juzgadas por estos cromañones, petimetres, clasistas del tártaro. Mi caótico amasijo decretaba, en parsimonioso raciocinio: si el albur de que quisiera florear... cabriolear; quimérica... inasequible... indagarlo... sondear... inquirir... huronear... tenía que envalentonarme a interpelar... si lo apetecía. La atormentadora irresolución, constreñía eclipsarse... esfumarse... desintegrarse. Desistí chaquetear mi magín y el andar sudoroso... fluyó a su mesa... y mágicamente la petitoria brotó:

—¿Quieres...? —lo solicité en un susurro. El escándalo, ocultó mi tentativa. Reiteré cuestionarle vociferando y la Güera exclamó:

—¡NOOOOOOO!

El deniego emergió de sus carnosos labios... suspendido... inmóvil alucinando... plurifotomontajes de la retórica ¡NOOOOOOOEEEEEESSSSS!, multiproyectados en infinitiplanos megasecuenciados en metapantallas psicodélicas... doy sinfinvueltas archigirando en mi propio eje, en un tetrainterminable zoom por el pasillo y el aleatorio insubsistente del Chango... retoñando abismalmente supraprescribiéndome:

—Inténtalo... una y otra vez... otra vez y una ¡WEY!; otra ¡WEEEEEEEEEEEEEYYYYYyyyyyyYYYYyyyyYYYyyyyYY YyYYYyYYYYY!

El Chango se disuelve... mis piernas se maquinizan animándose y deliberadamente, mirándole interminablemente, a la expresionista Güera de grandilocuentes ojiverdiazules; ¡DespamNANTE! El verbo se desprende, en un vaheo de autodeterminación... me emancipo invitándola.

—¡Bailoteemos! —sin antereplicarme...

La aprisiono tiernamente a la pista. Sonandosurroundsoundefinition de la balada impetuosa de "True Colors" de la Lauper. Eróticosublimesensualorgiásticorgasmático... mi hadoprovidencialtransfiguramutándose... DICHAÉXTASISHIPNOSISENCANTAPASMOEMBELESARROBAMIENTO! Apoderó su cinturacarnicaliente, traspasando su delgada blusapuntieroerectopezones; la Güera, pasa sus lubricamanobrazouñitáctilera por mi cuello, ¡ESCALOFRÍOPOTENCIAL! Imprimisellandiseñalando del 4:00.59.59 ∞ am, la eternirítmicamenteprontinformónotificódifundiformuló sinadvertencia... el ¡ZASCRASH de las 4:01am! El ruido de la aguja, al quitarse del disco de vinil, haciendo el sonido tan peculiar... determinando la rupturagresiva de la rola... ¡TODO ESCAPACABA! Se esfuma... determinaconcreta el plano secuencia de la cámara lenta... se prende la luz general... horripilante luminaria que despedaza... demuele... desmorona... desmiembra, mi predominante y momentánea DICHA. ¡ODIO LA LUZ BLANCA DE NEÓN! Destempladas mis manos se confinan de su talle... hechura territorial... geofísica del edén paradisiaco del nirvana en el olimpo, utópicamente conquistado y sustraído... usurpado... sojuzgado y subyugado estoy destronado. Regresamos de golpe a la realidad. El ambiente, mínimamente, tiene un poco del efecto de humo; último vestigio estético de mi triunfo... sin debitar, entre esta bruma... le pido su teléfono... me explica: «que ya es muy tarde» y adivino que su madre, ya la está esperando afuera de la discoteca. Me da su número muy rápidamente... tengo una pluma en el bolsillo de mi pantalón y garabateo su código en mi muñeca... me da un beso, entre la mejilla y la comisura de mi boca... un beso de la Güera. ¡El PRIMER BESO DE MI VIDA! De todas las remembranzas; no tengo la reminiscencia de algún ósculo y menos, desde la erótica amatoria. La Güera, le quita la virginidad a mi cachete y a un pedacito de mi labio. Rememoro, que un ¡PENDEJO! de la escuela, que vio todo esto; al retirarse la Güera, se me acerca y el muy ¡cabrón! envidioso me generaliza:

—Seguro te dio mal su teléfono. ¡No te la creas!

Mi traumática inseguridad y lo divulgado por este ¡imbécil! ¡ELEVA A LA ENÉSIMA POTENCIA MI

INCERTIDUMBRE! Permanece unos siete días, la sentencia de este cromañón aseverando que la Güera, intencionalmente, me ha dado erradamente su número telefónico. Retorno al infernal rito de dar vueltas sin sentido, frente al monstruoso aparato. Me la paso viendo el papelito, donde inteligentemente, transcribí su código de mi mano sin lavar… mientras me reta, la maldita rueda de marcación del teléfono, que no puedo girar… no me atrevo… la voz del Chango desde Irlanda, me ordena accionar… hasta que por fin… asalto el auricular… el rito y tormento cesa… giro esta rueda numérica… sus alguarismos… son el jeroglífico de Dios… y al contrario de lo que vaticinaba… que su madre o padre contestaran… la Güera respondió armoniosamente:

—¡BUENO! ¡Quién habla!

Quedándome unas centésimas de segundo en cautela; le apunto: «que soy… con quien bailó las calmaditas en la tardeada»; ya no concierne, de qué frivolidades hablamos en esa primera llamada telefónica. Lo significativo es, que dispongo de mi primera cita con la Güera y lo materialicé, sin subvención… ¡bueno!… con el socorro telepático del Chango:

—¡WEY!, es en estos pequeños y grandilocuentes detalles de carácter, que tu titán se fortalece.

Mi aterrada psicología, atesoró una sanación prodigiosa. Dormí sin deslumbramientos; en ¡avenencia!, fantaseando, la intimación con mi Güera. Nos encontramos justo, a la mitad del Centro Comercial. La contemplé en la luz seminatural; la Güera, fotográficamente, posaba idéntica, a una modelo sacada de una revista de moda; en un cuadro de toma sexy... ¡SUNTUOSA!, la acompañé a comprar ropa... tengo la sensación de rosar sus tersas manos con las mías... eróticas sensaciones de iniciación. Dimensioné... que la Güera habitaba en la Colonia Del Valle y en el largo trayecto, para no perder la costumbre... no pude contenerme... le declaré mis intenciones... de pretender ser su novio. ¡No MANCHAR!; de plano no aprendo... mi estrategia consistía en proponérselo... en una cena romántica. ¡No CHINGUES! ¡En mi NAVE! ¡En el TRÁFICO! ¡A plena luz del mediodía! ¡Una ESTUPIDEZ! Así que una vez más, estoy esperando el famoso ¡NO! La Güera inspecciona... hurga... inquiere... olfatea por un minuto... sus ojos azules, se abren grandes, como manga japonesa y de sus carnosos y rojos labios... despuntó un... ¡SÍÍÍÍÍ!... mi primer y ¡SÍ!... la Güera... mi incipiente enamorada. Fuegos artificiales en mi mente revientan, cubriendo el cielo de mi júbilo; ambientando la celebérrima escena de celuloide dominguero; dentro de mi Nave y en medio de un desquiciante embotellamiento, en la avenida de Insurgentes. Su quintaesencia, que me cautivó en la disco... me atribuía. Mi novia rubia, de pechos enormes, caderas frondosas... lozana fémina... un arrobamiento para este looser; como cantaría Yorke. Desperté sin amor propio... ahora... prescindía del perdedor, amando y expandiéndolo a la Güera... manejando, en la caótica ciudad de México. Ansío besarla... lisonjeo su rodilla... llegamos a su edificio; al despedirnos... obtengo mi primer beso en la boca... sus labios tumescentes... su saliva sabor a fresa... la punta de su legua, tienta el vértice de la mía. ¡DESAPAREZCO! En ipso facto... la retrocesión inclemente a la REALIDAD. Conmovedoramente el noviazgo eternizo... un mes... una relativa einsteniana de perennidad; sin advenir de besos franceses y de roses eróticos, fraguando conmoverla... contrariamente a nuestra plenitud... mi condición de prisionero en el instituto empeoró; al punto, de que no solo me sentenciaban a una golpiza, sino que me atemorizaban con sitiar mi mansión en obra gris... a mi Parque... con sus orangutanes escoltas, para romperme la mother. ¡¿POR QUÉ?! ¡¿Qué les ocasioné para merecerme estos ajustes de cuenta?! Nunca sucedió... radicaba puramente, en horror psicológico... si hubiera... ¡EL ESTÉRIL HUBIERA DE SIEMPRE!; si hubiera aprendido del Chango, sus conocimientos en las artes marciales, un mínimo de defensa personal, hubiera dejado de esconderme. ¡Me hubiera defendido! Le hubiera partido el hocico, al niño Verdinegro de dicción seseante; de horripilante apraxia verbal, de odioso ceceo al discurrir, producto de su parlamentar dispráxico, ¡por favor!, que lo auxilie un logopeda; es que Mezcalito... me abrigo arrinconado en los salones, en los baños; bloqueado de fluctuación... implorando quebrantar la directriz de esperar, a que se fueran del colegio, para beneficiarme y remediar que me ultrajarán. ¡HUBIESES INEXISTENTES! ¡ESTUPEFACCIONES de la DILECCIÓN! La Güera, obraba de un arcángel mediador. La brutalidad, se restauró en concordia... concomitancia... ¡una PRESENTALLA de mi ASTRAL intermediaria de DIOS! Sin advertirlo, mi Mezcalito, la comitiva de la asociación de padres de familia, respaldados por los sacerdotes, organizaron un concierto de Manuel Mijares; un extraño y bizarro evento pagano para adquirir fondos económicos. ¿Para qué ambicionaban recolectar fortuna, los millonarios de la Legión? ¡Su PEDO! Para mí sucedía, en una oportunidad para un excelente rendibú y agasajar a mi idolatrada Güera. Mijares en ese tiempo, era afamadísimo para los fresas... nuestro icono pop mexicano. Se concedió luz verde, por parte de la Legión y se autorizó el patio central del instituto; para que se colocara el escenario y las sillas, para la audiencia escolar. Unos días antes del show, le consulté a la Güera:

—¿Te latería ver a Mijares en vivo? —mi Güera saltando y sin emitir el ¡SÍ!; lo reafirmó centellando sus brillantes luceros y me lo agradeció con múltiples besos. ¡Qué chingón es dotar dádivas! Ya que la ofrenda, me la agraciaría la Güera... centuplicada... proliferada... propagada... acrecentada... al imperecedero ∞... Juro que no premedité la remembranza triunfada, de la ininteligible beligerancia contra los terroristas; inexistente estratagema, de comparecer amparado por la Güera. Acontecería perentorio franquear el "PUTITO", para resurgir en el "EL" carita efigie figurante del instituto; el infante soberanamente honorífico de la Legión. Mi queridísimo Mezcalito, neta no lo recapacité; el impulso fue para afianzar mi afición y provino el prodigio que se encomia... afama... elogia... manifiesta... arguye... pregona así: ingresamos temprano al evento y la Güera no percibía, absolutamente, mi precariedad de rehén; me la rifé.

–¡Estás muy nervioso! —lo intuyó la Güera.

¡CAGÁNDOME! y con la cola entre las patas, me justifiqué:

—Es la emoción de estar contigo, hermosa.

Mi indivisible teorema, era, que si me amenazaban frente a ella, ahora sí, en defensa de los dos, ¡Me MADREARÍA!¡AHUEVO!; sin dilema, no reaccionaría como un pusilánime cobarde ante mi amada; enfrentaría y aniquilaría mis lémures a sabiendas, que a pie enjuto, me fragmentaran la mother. ¡Y sobrevino el MILAGRO! ¡DIOS te MANIFESTASTE! ¡Y tu Servidor NEGÁNDOTE! Mientras ubicábamos los lugares asequibles que compré en las graderías; percibí y aprecié, que la plétora horda de mis terroristas, desde las exclusivas plateas, al unísono capotaron, en específico, su cabecilla; para distinguirnos y sucumbir, en la estupefacción de cachearme, con un portento de mujer; se transfiguraron sus posturas agresivas de matones; sus cromañones raciocinios, no procesaban lo que observaban, los configuraba en ¡SHOCK! Al Verdinegro, sobre todos los restantes, no le desvié mi mirada, al contrario, lo penetré fijamente, en un duelo stare off y en ¡close up!, disparé oteadas de ojeadas circunspectas, ecuánimes y justicieras; le transfiguré su visión y desfiguré su cara de bastardo. Empezó el concierto con la Güera gritando y aplaudiendo el espectacular opening; agarrándome la mano con tal intensidad, que me lastima deliciosamente... mi euforia se amplifica, por comprenderme amado y se fortalece por exponérselos a mis agresores, que legitiman nuestro amorío. La zona que residíamos, se convirtió en el VIP... disfrutamos superlativamente, cada hit de Mijares; sobre todo cuando cantó, el megaéxito de ¡BELLA! ¡INCALCULABLES AGRADECIMIENTOS MANUEL!, por el milagroso anochecer que bullíamos. Al final salimos rápidamente, con el pretexto de llevarla a su casa raudamente; así quedé con su madre. Aunque mi apresuramiento se basaba en concluir mi apasionante cita, sin ser cuestionado, ni enfrentado por mis enemigos; mi antiestrategia se desarrolló excelsamente. ¡De PELÍCULA! Blasono mi Mezcalito, que digerí maduramente la terrible separación con mi serafina bienhechora; horrorosa perdida que se diluía y se contrarrestaba, con su angélica aureola que me resguardó, durante el póstumo período en el instituto; aminorando las peores invocaciones de mi pubescencia. Quedaría por inmortalizar, que a la postre del concierto, los mafiosos burgueses, ¡TODOS!, se acercaron a sonsacar, por la blonda ojiazul de curvas de miedo; sin aprensión no disfrutaba de la preponderancia de sus familias; pero reamaba a mi contrayente que ellos, ni inventando poseerían. ¡Ostentaba una providencia que mis admiradores no podían contener! ¡AMOR! Y así paso el sintético noviazgo. ¡INDUDABLEMENTE, la saturé de mi melosa presencia!, de mis interminables choros; mi personalidad extrovertida ahogó la atracción. Concernía plenamente, en mi médula de confianza. La Güera fue la apertura, de futuras francas decisiones. ¡GALLARDÍAS de la CHINGADA!, pero acertadas deliberaciones; ya que obtuve la merced del juicio. Terminar con la Güera fue un martirio, que asumí sin DRAMAS. Mi reacción fue, semimaduramente, aceptable. Me da orgullo recordarlo. ¡No todo es gritos y sombrerazos! Lo que pudo ser un trauma colosal, lo adecué sin reproches; es ineluctable, no cerrar puertas. Rememoro placenteramente, que pasaron como unos... diecisiete años. En aquella ocasión en Guadalajara... la Güera vivía en esta ciudad; asistió al teatro y discierno que no me había oteado en el escenario. Después de la función, tomamos unas cervezas y ya entrados en copas, reconocimos a nuestro encuentro, como asombroso. La Güera exhibía su cuerpo de mujer madura... cachondo... me concedió un tremendo beso lleno de pasión... iniciativa de ella y la embriaguez; degustar sus carnosos labios... su lengua lubricada; tocaba sus tetotas... sus pezones hinchados. ¡Increíble!, que durante todo ese mes del cortejo, el ilegítimo contacto sexual, yació ridículamente ingenuo. Antes de que me cortara; traté de besarla y la Güera se quitó... presagio de la debacle de mi profético rompimiento; reacción de rechazo que acotó la despedida; ya que unas semanas después, quería creer que la Güera, todavía era mi novia en las vacaciones de Semana Santa; me informó, que se iba a Huatulco con su familia. Tu Servidor y mi banda, nos fuimos a nuestro habitual Acapulco; por este compañero de la escuela... el que me mal vibró en la discoteca cuando la conocí; este desgraciado me chismeó, que la Güera estaba en Aca... no quise creerle. Ese medio día, crudeábamos y de repente, que avispo en la lejanía a la Güera. Confirmar la información de este ojete; me puso enojado e indignado. ¿Qué hacía en Acapulco la Güera?... con ese minibikini rojo, caminando por la alberca bellísima y escultural... lo más desnuda que la había vislumbrado. Por cincuenta y nueve segundos, la reparé sugestiva; una satisfacción libidinosa, en absoluto experimentada y en un segundogénito de erotización, ya no me cuadro la realidad... me mintió; usufructuaba en Acapulco y no en Puerto Escondido. Le grité por su nombre desde la distancia, entre la alberca y la entrada del mar al hotel; la Güera y los restantes voltearon a verme, mientras tu Servidor, nadaba para confrontarla:

—¿Qué haces aquí? —le exclamé.

—¡Hola! —la Güera convino.

Luego entonces, al encontrarme sacadísimo de onda, viéndola agresivamente como cachorrillo; lánguidamente remató con una media vuelta y sibarita, balanceando sus perfectas caderas; rebotando sus rechonchas nalgas se encaminó a la ribera. La perseguí tomándole del brazo... la Güera se soltó aclarándome: «que pasaba por Acapulco y que mañana temprano se regresarían». Ante su aclaración... me disculpé; estúpidos e impotentes celos... patología de trastorno delirante por una "celotipia" que avergonzado reconocía; la Güera caminó hacia su hotel, eso quise pensar, jugando con las pequeñas olas... sin dejarse mojar sus delicados pies; borrando las huellas de Ariadna (Ἀριάδνη, arihagne, 'la más pura') y cortando el hilo... filamento... hilván... discontinuidad de su Teseo, que no la rescatará. En un impulso sin conciencia... ¡típicos de mí!; placiendo su danza con el océano, la incauté para voltearla; ¡QUÉ...!, besarle... la Güera se redimió... me vedó y se alejó... expresando el finito antecedentemente anunciado de nuestro idilio; nulo, payaseando... deserté caer en la arena... a lo lejos distaba bufonearse al Alex, Luisito y el pendeojete burlándose... mofarse... la Güera avergonzada, siguió su derrotero... y en otro loco envión, la tomé de su tobillo y le di un jalón... azotó en la arenisca; volteó encendida de furia... cubierta de arenilla; se levantó y sacudió dignamente... por fin... consiguió fugarse. ¡Merecía abofetearme! fue tan rápido... sin malicia... me originó que la Güera partiera diecisiete primaveras... hasta nuestro reencuentro. La busqué durante todo este tiempo y me refutó, el doble de siete que la Porrista. Si tu Servidor creía, en la imposibilidad de una superlativa infamia... rompía mi fructuoso récord con la Güera. ¡Waoooo! El sofisma... reconciliación en sus ribetes de treinta años en ese bar, de la Perla Tapatía. Supinamente mística... entre chelas y caricias... balbuciera: «lo encantada que constaba, por regodearse al espectarme». Reconociéndonos, el uno en la otredad del destino el distanciamiento... nos alcanzó. Candorosamente, tuve la expectación de perpetuar lo interrumpido en ese litoral, humillado en la escoria; supremamente aparentaba incumbir. Nos fajamos en el antro y prontamente me transportó en su coche a mi hotel; entendía que consumiríamos el ansia y afán de satisfacer el apetito lascivo. En el estacionamiento le removí el sostén y le hurgué sus carnosas tetas naturales; le chupé desesperadamente, amamantándome de sus lactantes pezones y ahí... frente al lobby... la incité a cogernos hasta la amanecida y sorprendentemente de esperarse... resucitó su reprobación. ¡NO LO PODÍA CREER! No deseaba tener concúbito. Me explicó: «que precisaba reaparecer a su cantón, ya que entablaba que sus hijos, estaba divorciada, la vieran regresar por la mañana»; de igual manera me justificó su impedimento, con el argucia de: «su aprieto de comprometerse afondo conmigo»; me conjeturó que: «no debió desencadenarse el libido». Así de drástico y frígido, se acotó el desenlace. Si intelectualizo la argumentación, del porqué no trascendió esta anochecida al clímax... ¡JAMÁS!, ni contiguamente, tuve la probabilidad de reconquistar a la Güera; ya que el destiempo, de las cosas incompletas, son las artimañas de la adversidad. ¡UNA MALDICIÓN! Mi idealización es merluza; un desahogo de complacerme, tan remotamente de extinguir la agonía primaria... embrionaria... prehistórica... rudimentaria e imperiosamente ineludible de condolerse atesorado... apiadado... piropeado... arrullado... exaltado... venerado... bienquisto... dilecto... predilecto... por mi Hidalga... la Hermana del Chango... la Porrista... la Güera... sin resentir, el nimio... inapreciable... minúsculo... conato de animadversión. En definitiva Mezcalito... la discrepancia... armisticio... componenda... capitulación... rendición... resultan finiquitados y cumplidos. ¡Sí! y ¡si! ¡es así!, dejando de sudar la abstinencia en mis entresijos; despidiéndome de la espantosa resaca... del ensueño; buscando una intervalo de sobriedad... ¡Carajo! Principié a los quince años... al tanteo... treinta de mona... ¡NO! es asimismo... regresó el Chango y mi testarudez, convenció a la Güera de ir a comer. Tanto escuchó de él, que aceptó por pura curiosidad; el malogrado rencuentro, se resume en que: la Güera, ni se impresionó de mi mejor amigo y viceversa; el Chango, no le encontró ni pizca de lo angelical, que elogiaba en ella; la Güera ni siquiera se fascinó del superdotado cuerpo del Cango, lleno de músculos y reciedumbre. ¿Dónde estaban mis héroes de comic?; tristemente... en mi imaginación... eran mi invención. Realmente, para estas alturas del partido, me sirvió de consuelo, el punto de vista ¡mamón! del Chango; para sacármela, definitivamente, de mi cabeza. ¿Y la moderación? Te volviste a ir al pretérito. Espera... posteriormente de concluir la secundaria... mi Papá me invitó a Monterrey y como precisábamos convivir; le concreté inminentemente que yes. En el hotel... advirtió mi aburrimiento y me dio la opción de pasar el día completo, con los hijos de un amigo de la oficina. Acepté fríamente y desganado, pero esta elección que me ofreció, tenía implícitamente, una vuelta de tuerca en mi hado alcohólico. La madre de estos chavos y chavas que conocí ese día; fungía de directora de un instituto mixto y con duración de solo dos años el curso de la prepa. Ni lo pensé... con esta familia megadivertida hice ¡clic! en un segundo y al acabar la jornada, por cierto, no tomamos, ni una gota de Alcohol; ya tenía la invitación para a vivir con ellos. ¡Qué inesperada sorpresa recibió mi papá! Lo dejo en shock y si su intención con este viaje, era el de unirnos... el tiro nos salió por la culata... como bien dicho nos decía, mi abuelita Rosa. Me apartaba de mi vida familiar y sobre todo, me alejaba de ese núcleo de fascistas... estaba hasta la mother, de mi contexto Chilango... y de seguir estudiando con los terroristas, la cosa, iba rematar en decadencia; así que a disgusto de mi Papá, aceptó y regresamos a la ciudad de México, por mi ropa y para despedirme de mi Mamá y sin extrañarme, a la par que el Chango, consintieron razonablemente mi decreto. Elaboré mis maletas y me fui a mi nueva ciudad; Monterrey, estado de Nuevo León. Le tengo que agradecer, al igual que a mi acaso, que en estos dos años, dejé de ingerir Alcohol, casi, en un noventa por ciento. Rara vez y fue por culpa de los amigos de la prepa; que agarré la peda o como decían los locales norteños: «ponerme hasta el troco»; embriagueces, de mucha cerveza helada y kilos de carne de excelente calidad; en ranchos, a cuarenta grados centígrados... y si no mal revivo fueron... tres parrandas en esos dos años. La constante de mi sobriedad se basaba, en que el Alcohol estaba TOTALMENTE prohibido por los padres de mi nueva familia; el ejercicio era la prioridad. Corríamos hasta tres kilómetros; entrenamiento, el mantra que hoy, sumado al training actoral, me mantiene con cierta salud. Los integrantes de este hermoso y numeroso linaje norteño, constituido por seis hijos; cuatro hombres y tres mujeres... estirpe que paradójicamente se dedicaba, profesionalmente, a la farándula. Así que el origen de mi vida artística e inesperada primicia; fue producida por mi adorada raza de Nuevo León. Como al año de vivir con ellos, empezaron a montar Vaselina. Los galanes los actuaban mis hermanos mayores, que ya tenían amplia experiencia en los escenarios. Una tarde me invitaron a un ensayo; sabía, porque lo comentaron muchas noches mientras nos quedábamos dormidos; que el cuerpo de baile ensayaba en leotardo; jamás había visto una chica en mallas. Así que no lo pensé ni dos veces y me fui con ellos a ensayar. Al entrar al salón, en el que repasaban las coreografías... entré al paraíso terrenal; no sabía ni para donde voltear a ver; todas las bailarinas eran espectacularmente sexys y los famosos leotardos, no dejaban nada a la imaginación. Como a la mitad del ensayo, el director se me acercó y me preguntó: «si quería entrar en la obra»; me invitaba a unirme al cuerpo de baile... le dije que «¡SÍ!»; por supuesto que así, podía estar todos los días con estas despampanantes bailarinas. Luego en otro ensayo me invitó... punto sin retorno; a que encarnara el papel del nerd de esta famosa obra musical. El día del estreno, al darse la tercera llamada tu Servidor, estaba en la entrada de acceso a la sala; detrás de una cortina roja, para entrar por proscenio, a la escena inicial... el seguidor se colocó en esta entrada y mi primer impulso fue, el de salir corriendo de ahí e irme a mi casa y como ya lo sospechaba este Director, el cual estaba detrás de mí... me empujó y me amonestó:

—Entra. No te puedes quedar mal ni a ti, a mí y mucho menos, a tus compañeros.

Y al estar frente al público... un orgasmo espectacular... la audiencia se reía... se divertía de mi actuación; en ese instante de sublime comunicación... ficción desde mi personaje conectado con el respetable... pertenecí a las tablas. Salí de escena y empecé a gritar por todos los camerinos de este hermoso y grandioso teatro del Tec:

—¡Amo actuar... quiero hacerlo toda de mi vida!

Terminada la minitemporada; el mismo Director, me dirigió una pieza de Salvador Novo: "El Tercer Fausto". Cuando regresé de Monterrey, lo primero que produje; fue dar una función de gala, en la sala de la mansión... la vecina, que fue invitada por mi Mamá; trabajaba en el INBA y me informó, que la carrera de actuación, era una licenciatura avalada por la SEP. Esta noticia; les volvió a caer, como otro balde de agua fría a mis padres. Mi decisión de ser actor, obviamente, no le agrado para nada, ni a mi familia ni al Chango; les parecía una locura y dio paso, a largas horas de discusiones bizarras y bizantinas. Mi padre, en un último intento de combinar mi deseo de ser actor y una real profesión; me propuso que estudiara otra licenciatura... lo intenté sin éxito. Primero, en una ingeniería en Electrónica de la Comunicación en el Tec y finalmente, en una licenciatura en Administración de Empresas o mejor dicho, en la carrera de administración del tiempo perdido en la IBER; pero como ya estaba, muy adelantado en semestres, de mi carrera de histrión en la Escuela de Teatro... mi destino ya estaba puesto en juego; en último término, no les quedó más alternativa que aceptar; que iba ser un artista... tal vez muerto de hambre... pero feliz... ¡aja!; bueno, mi Mezcalito... inocentemente lo deseaba y sabes... perdí contacto con el Chango, los cuatro años que curse la universidad... presenció mi examen de graduación... no hay duda que el Chango me admira. Y regresando a mi ¡MONTERREY! Me tuvo... estuve sobrio por dos años; pero me condujo a mi destrucción. ¡PINCHES LEOTARDOS! ¡SOY ACTOR POR CALENTURA! Ya me puse ¡cachondo! ¿Qué hora es? Ya casi va a amanecer; ¡no importa! Cada vez que registro el horario, ha acaecido un... ¡minuto! Sesenta segundos inacabables... eternos. Masturbarme es mi última opción; ¡ya! para dejar de sentir este estrés en mi cuerpo... cavila... no quiero ver porno... cierra los ojos... ¡claro! ¡New York! Después de obtener mi título de actor, mi Mezcalito, mis padres por fin, me cumplieron un sueño que tenía frustrado; estudiar inglés fuera de México, ¡bueno! no fue Manhattan... fue New Jersey. No estuvo nada mal. Me quedaba la gran manzana a menos de una hora y media... me la viví allá. Porque en vez de entrar a las clases de inglés; desde la mañana organizaba a un grupo de compañeros, para irnos a disfrutar y embriagarnos, en esta impactante ciudad; cosmopolitamente universal; en ¡fin! Dentro de este grupo estaba una francesa… encantadora… cochondísima… con unas mamas blancas… jóvenes… pezones rosas… tumefactos … vulva peluda… su ano… su sórdido libertinaje. Once upon a time… in a pub, near Upsala College, drinking a few pitcher of bear… ¡ALWAYS THE ALCOHOL! I start to kiss her… we are horny. We go to campus and on a bench, the Frenchwoman sits on my legs and we touch our whole bodies; about to ejaculate in my breeches, damn it! we fall into dog poop… we laugh. We went up to his room and cleaned up; the Frenchwoman rests her voluptuous body… i pull up her skirt… she's wearing a megawet thong and on her mound of venus, i can't stand it anymore… my Francesita undresses me… I DON'T BRING A CONDOM! It can't be… i suggested we go to sleep; i suggest that in the morning, i'm going to go buy them. My sex life is an incoherent farce. The next morning, i went to a pharmacy and my naivety comes to the fore; I inform the employee, con mi inglés de petatiux:

—you have? — y le insinúo con el dedo, a las diversas cajas de preservativos detrás de él… qué marca y cantidad es una incógnita; rápidamente apunté abstractamente y el empleado escoge un paquete de veinticinco sobres y la pago. ¡VENGA MEZCALITO! Llévame con la Francesita… deseo con todo mi cuerpo y penetración, a mi rubicunda Francesa, ¡haber!, pensemos diáfanamente, ¡qué chingados! Ese ese medio día, ¡CLARO! Había una comida… un barbecue en el patio central de esta universidad, ¡exacto! todos los jueves… ¡qué grandes remembranzas! Rememoro a mi amigo japonés ¡Tetsuya Goko! Hace poco, me mandó un video de la obra de Teatro que dirigí y actué… con una hermosísima italiana… novia de Tetsuya.; en uno de esos convivios… ¡WOW! el título de mi dramaturgia, se llamaba igual que el soundtrack de mi puesta en escena.

¡The Lady in Red!
is dancing with me…
¡cheek to cheek!

¡WOW! y gracias a que la produje y que grabó en video mi amigo japonés; pude recibir mi diploma del curso de idiomas. ¡Qué chingón! Podíamos tomar Alcohol… medio a escondidas y me la pasé embriagado… tres meses. Recuerdo que los maestros organizaban estas comidas para que conviviéramos, todos los integrantes de los cursos de verano. Comíamos unas ricas hamburguesas y se me acerca la Francesa, para proponerme subir a su cuarto… ¡pinche pendejo! Tengo que reflexionar el cómo pienso alcoholizado. Antes de ir a su dormitorio… fui al mío, por los condones… hasta aquí, todo va viento en popa. La cosa es, que en mi pensamiento en ebriedad, decidí dejar la caja completa de veinte cinco condones… a mi parecer, era una exageración y solo me llevé uno… ¡UNO! ¡UN PINCHE CONDÓN! Al estar desnudos… ¡WOW!, su cuerpo blanco… sus ojos grises… su olor segregaba un perfume, que irradiaba a cuarenta grados un hedor… mefítica y sin bañarse… su tufo me excitaba y me pone muy cachondo… sus tornadizos labios vaginales, se derriten en sus vellos pubianos… rosas pulposos… macerados… los enrojecidos pezones, reventaban de hinchados… los lamía sin parar… morderlos… mi pene es vapuleado en una rusa… me lame la abultada cabeza circuncidada… mama profundamente… mete la punta de su lengua en mi ano… decido ponerme el condón. Estoy caliente… ¡claro! Mi fatal error de inexperiencia;

es que debí masturbarme la noche anterior. Al poner el condón en mi glande... babeada por mi Francesa y al deslizar el preservativo, por el cuerpo de mi pene... una contorsión me recorrió... un escalofrío de pies a cabeza... eyaculaba mi desastre. ¡EXPLOSIÓN ATÓMICA de ESPERMA! La Francesa, veía mi orgasmo de ignominia. En un intento desesperado de penetrarla, ¡El CONDÓN ya NO SIRVE! Sigo erecto como un mástil... me pide jadeando, gritando, que me ponga otro... y ahí... en su petición... compruebo el segundo inexcusable mistake... ¡NO quedan CONDONES! Automáticamente, pierdo la erección... me desespero... me rio... ¡NO SE QUÉ HACER! La Francesa, se empieza a poner la tanga... su top; mi ocurrencia se va ¡LITERALMENTE A LA VERGA! Mi oportunidad de oro... mi desasosiego del estío... se va a la chingada ¡Me llevé UN CONDÓN! ¡Aguardan VEINTICUATRO en mi dormitorio!... así presupuse... el Alcohol me autoboicoteó. Bajé al convivio con cara de menoscabo; pretendí dialogar con ella... la Francesa me ignora. No pude ocultar lo ocurrido... la burla no se hizo esperar. ¡JODER! Seguí alcoholizado hasta el amanecer. ¡PERPETUAMENTE!, enmendando mis pendejadas. Estoy agotado... me quitaré esta camiseta empapa de sudor etílico. ¡OmmmMezcalito! ¡OMMMMMMMMMMMMM! ¡Qué chingón! ¡BENDITO! Ya no me impugna mi hablar forastero... ¡no manches!! ¡La libré! Clareó y no estoy tan erizo. Mis parpados pesan... la cama es cómoda... laxo... dormido... dor... mi... do.

—¡Mucho gusto! Antes que nada, déjame decirte, que eres mi primer terapeuta, bueno, me llevaron de niño con uno; pero ese no cuenta. Tengo cincuenta años y unos treinta, ingiriendo sustancias; empero por unos diez, he intentado dominar el

Alcohol. En mi última extrema recaída; ¡por fin! y ¡gracias a la terapeuta de Mamá!; me facilitaron tu contacto. Por cierto, te recomendaron ampliamente; entiendo que te especializas en adicciones; por ende, me emociona principiar la terapia.

—¡El gusto es mío! Me conmueve conocernos a pesar, de que sea por videollamada.

A escueto atisbo, es joven.

—¡Maldita pandemia! Soy alcohólico. Supongo que no afecta reconocerlo, por medio de la virtualidad. Te confieso, que lo verbalizo por primera ocasión —le concreto con seguridad.

—¡Felicidades! Es un trascendente paso. Me da confianza tu actitud; te adelanto información, que apoyará tu curación. Considero a tu entender, que el proceso de rehabilitación será riguroso y a largo plazo. Indiscutiblemente te encuentras intoxicado, aunque no estés ingiriendo Alcohol o cualquier otra sustancia. ¡Drogas! —lo atiendo y la conexión es espectacularmente sublime.

—¡Exacto! Perdón por interrumpirte; ya que no separo al Alcohol, de la categoría ¡ESTUPEFACIENTES!; es un narcótico —contundentemente se lo revelo— y auguro que mi recuperación y sanación están iniciando. Quiero créelo.

—Así es. Me gusta que ya lo entiendas así. Te explico: empero no estés drogado, constas en una embriaguez en sobriedad; es decir, tienes los síntomas o algunos de cuando estás borracho y eso es, lo que hay que experimentar y analizar; la pregunta es: ¿los distingues? De esta búsqueda y ante esta cuestión, será la primera etapa que te propongo del tratamiento. Y resumiendo es: necesariamente hay que desintoxicar tu cerebro unos seis meses; sin ninguna ingesta de Alcohol, para ver los daños que puedes tener, en la parte frontal de tu cerebro y desde esta destilación; tomar realmente decisiones, a partir de un diagnóstico, de tu claridad mental. ¿Cómo ves? —y en efecto, la confianza se da.

—¡PERFECTO! Por lo pronto, no tengo antojo alcohólico. No he llegado a los seis meses; pero lo entiendo y pondré mi fuerza de voluntad, para que se decrete. Entrando en materia y para aprovechar el tiempo; estimo que la terapia dura un minuto y empezaré por alguna coordenada de mi alcoholismo —se lo conferencié, tomando las riendas de mi sanación.

—Establece: ¿qué se te viene a la mente? —me razona y así, resumió mi iniciación terapéutica— Fue realmente una sesión muy intensa y quiero que te quedes con esta realidad: eres un artista hipersensible; puede ser genético o no. Todos los adictos la tienen; admitirás, que tu peor enemigo, eres tú mismo. Bendiciones y hoy, estamos sobrios.

Recaer es la evolución orgánica de la recuperación; recomienzo a reintegrarme y a transformar el maldito dicho de: «Una no es ninguna, a, esa son TODAS». Y al igual que una deliberación, son un ∞ de sesiones.

—Por eso el alcoholismo es una enfermedad social y la cresta del iceberg, es el negocio de la venta de Alcohol, que degrada la moral de la humanidad. Consiste en abrir una cerveza o destapar una botella y se desencadena el apocalipsis, lo sabes —acentúa el punto.

—¡Clarísimo! mi Doc. Lo profundo es: que por lo menos desde Occidente; así es como nos enseñan desde que nacemos; somos burócratas de nuestra existencia. El objetivo es ser el primero de todos, luchando eternamente y de ahí nace el odio. Para Oriente, estar en competencia de todo y de todos, es la desdicha y la dicha, es nivel máximo de consciencia y de estar alerta. Obviamente al caer en las drogas, por ende, caemos en la trampa de la misericordia; de ahí, que esta enfermedad no tiene clase social. Aunque seas multimillonario, serás infeliz —le despliego mi ser.

—En general, es una enfermedad, aunque cada enfermo, es tratado diferente; ¿así se debe considerar? —me distingue mi Doc.

Sus palabras me serenan, de no ser una generalidad y es cuando mi personalidad entra en dinamismo.

—El destino, me ha puesto a escuchar y a estudiar, gracias a la inmediatez que dan las plataformas de videos; lo que se llama el Zen. Me atrae y me invita a ser discípulo de esta distinguida y antigua escuela Budista.

—Me parece ¡genial!; si a ti te sirve, te sigo —denoto a mi Doc, ya un poco sacado de onda; como, si se le abriera a él también, una puerta de conocimiento.

Mi Doc cursa su doctorado. Su sobriedad es de dieciocho años. Cada reunión, nos tornamos en la otredad dialéctica, recíprocamente, de alumno a maestro; un renacimiento, que es el ideal empírico, de doctor paciente y viceversa.

—Mi Doc, interpreto que el único pecado que puede existir; es la inconsciencia. Estar ebrio, prácticamente es, estar en ese estado inconsciente y la máxima virtud, es estar alerta y lúcido desde la sobriedad. Entiendo a la meditación; como el único remedio contra el poder del EGO. Es la posibilidad de ser dichoso. En cada uno, está un maestro y en cada ser; se es Dios. Y ahí radica la iluminación. Lo importante es abandonarse y dejar de soñar. Dejaré de luchar para obtener placer; que me hace esclavo de mi cuerpo y desde ahí nació mi adicción. He vivido en el mundo de la superficie, de la pertenencia; dejaré de vivir de la felicidad de los otros; ya sea en el sexo o en el comer y beber; igualmente dejaré de desear como objetivo principal, el tener riquezas y sueños de superioridad. Dejaré de estar en la periferia, para estar en mi núcleo consciente del aquí y ahora, que me dicta mi libertad y paz; porque sino; nunca seré dichoso. Mi Doc, así he aplicado mi machismo y codependencia con todas mis relaciones; ya sean de amistad o de pareja, he querido ser feliz, a expensas de ellas y ellos. Renunciaré a pensar en el futuro o en el pasado que me provoca odiar, por ejemplo: al arte del Teatro y sobre todo, a su comunidad. Sino los pienso, no los desprecio; más bien les transmito dicha. Lo aplico, de igual manera con mi familia. Los venero, sin zaherir. Accionar y estar soñando en un porvenir, engendra fuertes frustraciones. Estar aquí y ahora mi Doc, es la cuerda floja, entre estos dos tiempos inexistentes. Este delirante ejercicio de luchar y proyectar un ulterior de éxito, fama y falsa trascendencia; es una idiotez. No hay espacio para los pensamientos en el aquí y ahora. Por ejemplo: en el momento que se dice: «¡qué hermosa es esa flor!» al expresarlo, se convierte en pasado. Así que estoy tratando de ser y estar aquí contigo mi Doc. Y así, estaré en el presente, que es sentir, que yo soy esa flor que no es pensada como pretérito. De otra manera, si pienso en lo delicioso que huele esa flor; se evapora el presente y soy dualidad. Se vuelve un diálogo. Lo dichoso es que soy una flor sin raíces. Sin ego. Puedo desde ahí, no juzgar y por lo tanto, todo momento malo, es uno de dicha. No tengo que mentalizar. Es un acto increíblemente difícil mi Doc; porque entro al mundo espiritual de la consciencia. Tengo claridad y dejo de estar ebrio, en esta sobriedad. Ahora entiendo, mi entusiasmo por ser Heracliteano, que me desenmascara: «¡no te duermas!; disfruta el constante cambio de tu ser». Dejo de ser ese imberbe rebelde que pretende ser un revolucionado. Dejaré de ser pretensioso y ya no crearé batallas perdidas de odio; ni me haré daño con falsas ilusiones. Mi misión es todo lo contrario y es dejar de hacer y al hacerlo; una paz universal fluye por todos mis horizontes, aniquilando: religiones, políticas, razones y hasta tóxicas relaciones. Entonces, voy a dejar de moverme en una dirección horizontal; que es el tiempo mediocre que vivimos, para entra al movimiento vertical; que es profundizar este aquí y ahora. Es subir y bajar; es morir en las profundidades, para una resurrección de mi ser; es mi "X". Dos caminos que se encuentran en un solo punto determinando: la horizontal del tiempo burocrático; del infinito luchar por el placer de ser el primero en todo, derrotando y aplastando a mi prójimo y la vertical: de la búsqueda de mi iluminación dichosa. Ya que no hay nada estático, en el estado de verticalidad. Paso a otra dimensión y dejo al sistema horizontal; donde se me obliga, desde niño, a cumplir metas y sueños pretensiosos, que no son más que un movimiento de motivación; que me ha adormecido, durante estos cincuenta años. Dejar de hacer mi Doc. Dejar de estar en el pasado o futuro. Porque en la vertical estoy meditando y tarde o temprano entraré; en el hermoso estado de consciencia, que es mi sobriedad y aquí contigo, en este estado de enfermo, voy a morir; aunque paradójicamente, a sabiendas de mi mortandad, que tanto impuso meditar Buda, es la forma de despertar mi consciencia. Muero y dejo de estar en este mediocre sistema de sueños que producen frustraciones, para renacer en la vertical. Ahora me moveré sin motivación, para moverme sin placer, en la energía divina. Al no hacer nada, dejo de cumplir expectativas.

—¿Y qué vas hacer? —me consulta mi Doc, sorprendido y con una gran curiosidad.

—Simple mi Doc; de aquí en adelante y ahora, voy a disfrutar de mi dicha. ¡Sí! Sin motivación ni placer, que me da la bendición de saberme un ser existente y cambiante; sin objetivos. ¡SÍ! Sin posibilidad de fracaso, soy ya un éxito y ¡te lo comparto mi Doc! Dejaré de ser violento y dictatorial; que es sinónimo de atentar contra lo existente. El solo hecho de planificar en el azar; ¿y qué vas a hacer?, es un preguntar contradictorio. Estaré en el equilibrio de la vertical; accionando mí no hacer y descansando mi hacer; es la eternidad y en ella habita Dios. Es mi elección, desde mi libre albedrío. Sabes Doc y con todo respeto; los tiempos de la terapia, ya se están acabando. Este es el FINAL. Me despido muy agradecido, porque sin una terapia horizontal, nunca, ¡DE NINGÚN MODO!; encontraría el camino a Dios. Así que Adiós. Me retiro del plano del placer y aunque caiga de nuevo y futurizar nuevas recaídas, es otra contradicción; ¡ya ves! mi Doc, al figurar el porvenir de mi adicción, estoy reforzando mi ego. Lo importante es, que ya no me tortura el recordar las veces, que me he perdido en el Alcohol; sino que quiero festejar, bailar y celebrar; las oportunidades en que me he reconstruido. Y así estoy dichoso. Es lógico el perderse; vengo desde la obscuridad habitada por infinitos demonios, que abrieron el umbral del estruendo luminoso, que ahora experimento como la dicha de la máxima iluminación. Caer y levantarme; pero con la gran diferencia, de que cada vez, estaré más sobrio y despierto. ¡Alerta y gozoso del éxtasis de existir! No hay sueños que analizar, ni terapias que programar; que lo único que producen, es engrandecer al ego, que es el hacedor; ya que el ego no puede dejar de hacer cosas; lo que haré es observar y no hacer nada y de pronto, el testigo se separa del hacedor y soy un observador bendecido con la iluminación. Ya no soy el absurdo del ego inexistente. No se puede dejar de ser ego, ya que no existe. Solo existe el observador; porque el ego no es substancial; es aire dentro de mí. Por eso mi Doc, dejar de hacer, es entregarme a mis sentidos, que son la consciencia, que me sacan del sueño letárgico en donde he coexistido. Una taza de té o echar agua fría en mi cara al despertar; son remedios más poderos, que miles de interpretaciones de mi vida. Si estoy despierto, me estoy entregando a disfrutar de las cosas más simples; como sentir el agua tibia cuando me baño o el canto de un pájaro; es estar alerta con mis sentidos sin cuestionarlos; por eso cada mañana, no me voy a preguntar qué voy hacer. Y te respondo por única vez mi Doc. Me voy a entregar a no hacer nada y voy a bailar y actuar sin técnicas; porque siempre he sido un portentoso artista y entonces, hago desaparecer al ego que me cuestiona si lo soy; cuando ya soy y lo celebro. Así fue mi vida Doc, una celebración de mi artista; pero mi error era, que me embriagaba hasta el exceso, de una congestión alcohólica. Voy a apagar el interruptor de mi mente y ese interruptor, es la meditación. Mi mente parlanchina, me ha tenido enganchado a mi ego, ergo, la meditación en silencio es mi religión; lo demás es innecesario. El silencio es mi maestro mi Doc; tengo que descansar mi mente. No tengo que transcender nada; la trascendencia viene sola, con la dicha de la iluminación. Si la trascendencia vine sola, desaparece mi adicción. En un estado de trascendencia, no soy un adicto al Alcohol; podría disfrutar, de vez en cuando, tomar una copa de vino y disfrutarla. La transcendencia me hace libre, porque no me crea una atadura. Antes era adicto, porque tenía que tomar Alcohol; tan dependiente, que no debía ingerir, ni una gota de Alcohol y tenía que ser vigilado y monitoreado en secciones terapéuticas. La trascendencia significa que: a partir de este momento, mi adición ya no existe. ¿Puedo tomar o no Alcohol? Mi postura es que: no estoy ni a favor, ni en contra. Porque dejaba de estar alerta, al estar constantemente embriagado y cuestionándomelo. No considero, que una copa de vino destruya mi espiritualidad y si es así, mi espiritualidad no vale la pena. El Alcohol no tiene la culpa. Es muy sencillo. No debo tomar Alcohol en exceso, para no dañar mi salud. La trascendencia se parece más, a un estado infantil. La transcendía es una no adición. ¡Ya basta! dejo de tomar Alcohol y cerramos el tema. La trascendía es un juego de un niño. Dejo atrás la adicción. El daño lo hace la adicción; no el acto mismo. La trascendencia tiene que ver con la adicción y estar totalmente libre de toda adicción, se supone, una gran libertad. Es estoy cambiando mi Doc. Ahora seré más sensible y alerta; entregado a mi arte. Por lo tanto me autofelicito; porque estoy logrando lo imposible. Estoy logrando crear lo visiblemente extraordinario. ¡SER! Ser un ser humano. ¿Se entiende mi Doc?, que estoy jugando en el presente, por lo tanto, como dirían los ingleses al referirse a la actuación: «"to play"». Y ese es mi talento. Jugar como un niño, pero sin las técnicas y disciplinas inorgánicas, que impone el lenguaje teatral occidental.

Impuestas, bajo la creencia de que eres ordinario y para dejar de serlo; se tiene, falsamente, que buscar a través de la técnica, para engrandecer al ego de soñar ser único y extraordinario; luchar, por ser el mejor artista del mundo; consigna aprendida con sangre y puesta en mi mente, de ser el mejor, en una competencia infinita; así tengas que aplastar a los compañeros artistas, que obvio, están accionando de la misma manera. Estupideces del ego separatista y del control de la sociedad en lo esencial y sutil de saber; que naces ya siendo extraordinariamente el mejor artista del mundo. Las escuelas destruyen este significado y te hacen creer que eres ordinario y te ponen a practicar por años, inútiles técnicas de perfeccionamiento. Así me sucedió mi Doc; cuando ahora celebro, que soy este gran artista, siempre permutando y en formación eterna de creación. Es sorprendente que mi ingenio, siempre me tuvo amarrado al acto de estar aquí y ahora, en una metafísica en acción. Ahora, dejaré de hacerlo como un actor que desea y mi Doc, ¡DESEAR! Es otra vez, estar en estado de ebriedad seca. ¡NOOOO! Meditar es mi jugar. Imaginar es profundizar mi iluminación. Dios siempre está juagando; irrecusablemente, no está en el mundo utilitario, donde la mente dicta el, ¿cuánto me vas a pagar por jugar? De todas formas y maneras, durante toda mi carrera, no me pagaron por jugar; esa es la paradoja. Es decir que, estar en el escenario fue, la antesala de estar iluminado. De estar jugando con Dios; así que esta seriedad; esta solemnidad de que Dios es un creador dictatorial y de mal humor; está mal entendido. Dios es el jugador. Dios no ha terminado la creación. En el caso de esta creencia, de que Dios estuviera creando el mundo, en estos famosos seis días y en el séptimo descansó; es una falacia. Dios continua la creación, nunca dejará de crear; es el gran creativo, eternamente en infinita creatividad. El ego se opone a Dios y dictamina que; ¡Dios es un deseo! Y nosotros tenemos que dominar con la ciencia científica a la naturaleza. ¡Más estupideces! Dios está Jugando. Los niños juegan, para desbordar la energía sobrante; te haces adulto y esa energía disminuye y sobre todo, hay que economizarla. Así que te cobro mi presencia energética; dirán los actores mediatizados. Dios tiene una energía infinita; así que Dios juega eternamente. Si Dios creo al mundo, se le puede preguntar ¿por qué? Pero si solo está jugando, no cabe ninguna cuestión. Jugar es el juego divino. Si soy un jugador, soy un divino; lo bueno y malo está en el trabajo robótico, de ser un proyecto de ser un extraordinario humano. Debe ser así y no de otra manera y de ahí, sale tu salario. Si juegas con estas reglas eres obediente o no; un desobediente. Pero ahora, ya no me lo tomo enserió. Reconozco mi inherente grandeza y fue absurda mi rebeldía. Me rio de mi pasado inexistente. Dejaré de buscar ser aprobado y demostrar que soy un chingón. Miraré dentro de mí, para encontrar a mi rey en su dichosa gloria. No hay nada que esperar para una futura celebración; para celebrar, se necesitan las estrellas, la luna y sus cráteres. Para celebrar, no se necesita de más; vivía una vida lisiada; se me decía que necesitaba de algo especial para celebrar y ahí está la paradoja de ser ordinario; no hay nada de malo de disfrutar de las cosas más simples; por eso mi Doc, esta risa, es una señal del camino de mi sanación. No voy a morir siendo un mendigo, que nunca celebró lo extraordinario y simple de mi existencia artística. Mi ego era ese Alcohol, que me dividió; que locamente rompía las reglas establecidas de la sociedad y las desobedecía continuamente como un deseo. Y ahí radicó mi frustración. Y el antojo alcohólico, poco a poco, se potenció mortalmente. Ahora entiendo, que no hay ningún problema; no lastime a nadie y así lo dejó. Estoy celebrando mi extraordinaria dicha sin Alcohol. No pienso más en el pasado mi Doc. La meditación es un juego en soledad, así que por lo pronto, me alejo de la sociedad y meditando, nadie puede perturbar mí sobriedad, mi claridad y mi estar alerta. Es un buen comienzo; luego pongo en la balanza, si le entro a jugar a amar o a la profesionalización de mi arte; pero con la consciencia, de que siempre será un juego. Y no me voy a tomar personalmente, ninguna mal crítica o rechazo. Trataré ser un espectador de mi vida; trataré de no involucrarme. Eso es Zen en meditación. Zen no es cuerpo. Zen no es mente. Zen es todo, lo que no es Zen. En conclusión y despedida mi Doc: voy a entrar al mundo del silencio, alejándome de los seres tóxicos, escolástica, política e inclusive, por el momento, del arte. Voy a destruir mi ego, evitando explicar mi búsqueda de mi iluminación y sobre todo, para imposibilitar malas interpretaciones y evitar, retroceder al pasado inexistente de mis desaciertos; disparador principal, del querer embriagarme. Mi objetivo es: crearme una revolución psicológica y espiritual muy profunda. Dejaré de entrenarme para ser miserable con entrenamiento, si esto es posible, me entrañaré para ser dichoso. Me alejo del mal, de la maldad de un mundo que desde las religiones y el predominio político son, los que hacen las guerras y los exterminios de la humanidad. Mi preocupación es, mi consciencia interior. Tengo que aprehender, lo que es la atención plena, porque eso es; el no ser Buda o Cristo. Es un estilo de vida; no una metodología. Mi alcoholismo es materialista, es la superficie de las cosas. Disfrutar mundanamente de la existencia y no más. No quiero ser otro robot de esta maquinaria, que es nuestra actualidad. Van al trabajo, ganan dinero, regresan a casa y tienen sexo con su mujer; besan a sus hijos y así diariamente, viven su inconsciencia en un ciclo sin fin. Quiero vivir cada instante con iluminación; con consciencia. Para que se me revele la realidad; el éxtasis máximo de mi existencia. Caminar en el roció de la mañana, lavar mí ropa, degustar de un caldo, limpiar mis pisos y saberlo, con consciencia plena, ya es, una oración. No tengo que tener una doctrina o ir a un templo; esto es Zen. Trataré de ser consciente relajado, alerta, pero sin tensiones, mi Doc. Estoy muy cansado y me quiero relajar. Quiero irme a dormir, poner mi cabeza en la almohada e iluminarme; para tener un sueño diferente. Relajar mi cuerpo y llenar en llamas mi consciencia; para despertar con el aroma de la dicha y así, seguir durmiendo al estar alerta y sabré, como dicen los maestros, que ya estoy iluminado. Mi tarea en cada momento será, estar cuidándome y atento de todas las cosas; eso es Zen. Porque si me descuido y ya no estoy alerta, atento; seguramente voy a volver a recaer en mi adicción. Este mundo es mi paraíso y mi cuerpo es dichoso. Mi mente me crea sueños. Mi mente no es mi hogar. Me alejaré de pensar; mi mente crea deseos y no seguiré viviendo de estás irrealidades; dejaré de ser un idiota sufriendo, por estar tratando de vivir en el mañana; eso es, el real significado de los deseos. Lo único real es el presente y los deseos, siempre están en el pasado o en el futuro; mi mente, es la que busca al Alcohol. Mi mente, dejará de ser mi casa con celebración alcohólica. El Alcohol hace que mis sueños y deseos, sean más coloridos, más hermosos y psicodélicos; es una completa enajenación. He sido un idiota. Por eso, no he tenido una revolución real interna; me estoy haciendo pendejo y me estoy autoengañando; soy un idiota. El Zen no me hace miserable, al contrario; me da lucidez a través del dolor. Entiendo, luego entonces, que mi vida es miserable y al lograr esta consciencia relajada, dejo de ser miserable. Ahí está mi revolución. Seré un hombre original, un hombre sin mente. Dejaré de ser un hombre antinatural. Dejaré de creer en cualquier doctrina o filosofía. Crearé una consciencia vacía, sin carácter, ni moralidad. Seré un ser infantil, para retornar a mi origen y la única manera de llegar a ese espacio original es, la consciencia; porque se me ha tratado de acondicionar desde niño. Me trataron de convertir en un robot y por lo tanto; estaré alerta y así desintegraré a mis hábitos de adicción. Contestaré ante toda pregunta o duda que ¡NO LO SÉ! Buscaré al hombre original para encontrar la dicha; no al contrario. Mi originalidad está dentro de mí. Dejaré de imitar y de mentir. Dejaré de ser el estúpido que he sido. No trataré, de ser dichoso. Ya lo soy. Buscaré a mi hombre original. Soy una nueva expresión de existencia. Un nuevo fenómeno, de una nueva obra original de arte. Estamos comenzando. Estamos en tercera llamada. Esta ficción, apenas va a comenzar. Y entonces, ergo, mi Doc; empieza mi vida y carrera en el camino de la meditación. Que es no hacer nada y desde esa nada, ser gozoso, dichoso y sublimemente iluminado. Y si vuelvo a caer será, porque sin duda, volveré a levantarme, pero más en consciencia plena. ¡Tercera llamada, TERCERA! ¡COMENZAMOS!

—¡Señor, señor, despierte! Está muy alterado, está teniendo pesadillas; despierte.

—¡Ahhhhhhh! ¿Dónde estoy?

—¿No se acuerda dónde está? —me quedo pensando— Está en un hospital. Hace un ratito se lo especifiqué —lo detalla desconcertadamente la enfermera o la doctora.

—¡Ah, Ok!

—¿De verdad no se acuerda? Usted tuvo una sobredosis; una congestión alcohólica y lo trajeron en ambulancia —continúa explicándome y sigo sin comprender.

—Aquí se va quedar lo que queda de la madrugada y el día de mañana —escucho su voz y es imperante. Mejor ya no pregunto—. Ya estuvieron conmigo, su Hermano y su Papá. Así que usted descanse. Le voy a suministrar un calmante más fuerte y se va a empezar a sentir mejor —termina su explicación, inyectando una jeringa en la entrada del dispositivo del suero.

—Gracias.

Reconozco el hospital. Lógicamente es surrealista. Permanecí adormecido y soñé. ¿Qué hora es? Esta sed; sigo, ¡en urgencias! Unos doctores revisan al joven entubado. Está en coma. Estoy lúcido. Resueno vagamente... una universal consumación. Un arrepentimiento... dentro de un delirum tremens. Celebrábamos... ¡claro!, me embriagué en el aniversario del fallecimiento de mi Nachas... y... obscuro. Black out. Ahora estoy en cuidados intensivos y no perpetué en el sueño... que intuitivamente... vislumbro que brotaba y florecía mi iluminación. ¿Trascurrió?... en una ensoñación... inspecciono la sala de emergencias y concluyo; que lo inaudito que exhumo e... que es... y dichoso Abruptamente me despertaron de mi despertar de consciencia; coartaron mi iluminación. s y comprendo... paradójico... axiomático es... que ese enigmático reloj circular... colosal... puntea... que transcurren... las... ¡4:01 am! ∞...

Made in the USA
Columbia, SC
27 November 2022